FARBBERATUNG FÜR DIE WOHNUNG

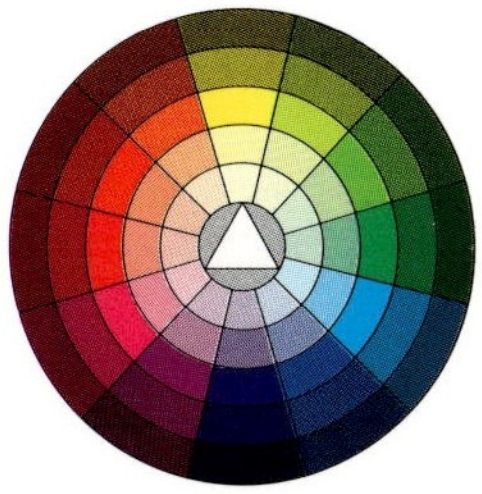

freundin

FARBBERATUNG FÜR DIE WOHNUNG

- Farben
- Formen
- Licht
- Strukturen

FALKEN

In Kooperation mit freundin sind unter anderem erschienen:
Farbberatung (4520)
Snacks (4521)
Originelle Geschenke (4547)
Hochzeit feiern (4702)
Make-up (4727)

Die Deutsche Bibliothek – CIP-Einheitsaufnahme

Watermann, Gisela:
Farbberatung für die Wohnung : Farben, Formen, Licht, Strukturen / Gisela Watermann. – Niedernhausen/Ts. : FALKEN, 1993
(Freundin : Der grosse Ratgeber)
ISBN 3-8068-4743-6

ISBN 3 8068 4743 6

Herausgeber: Eberhard Henschel, Chefredakteur freundin
Produktion: Edda Küffner
Redaktion: Edda Küffner, freundin
Birgit Christ, FALKEN
Gestaltung: Rudi Gill, München, unter Mitarbeit von Brigitte Schön
Herstellung: Petra Zimmer

Satz: Raasch & Partner GmbH, Neu-Isenburg
Druck: Ernst Uhl, Radolfzell

817 2635 4453 6271

Fotonachweis:

Titel: C. Dugied/Marie Claire Maison; Wolfgang Krüger/freundin; Bent Weber/Ambiente; Hajo Willig/G & J. S.8/9: Christian Fischbacher-Stoffe. S.14/15: Burda-Archiv; Jürgen Becker/G & J; Sara Wilson/Elle Decoration; Michel Guillard/Scope; Hugh Palmer/Bramden House; Michael Stuckey/Comstock (2). Sam Mc Vicker/Comstock; Stefan Thurmann/G & J; Duali/Jacana. S.16/17: Reinhard-Tierfoto; Stephen Wilkes/Image Bank; Murray Alcosser/Image Bank; Robert Palomba/foc; Terje Rakke/Image Bank; Frank Rheinboldt/G & J; P. Aubert/Campagne, Campagne; Arnaud Descat/M.A.P.; Rudolf Nüttgens/G & J; Kaz Mori/Image Bank; Christian Favardin/Jacana. S.18/19: Krassovsky/BSIP Paris; Rudolf Nüttgens/freundin (2); Manoni/Jacana; Daniel Faure/Scope; Sommer/Jacana; Paul Nief/Jacana; Tom Grill/Comstock; Richard Johnston/Tony Stone; B. Lightstein/Campagne, Campagne; IFA Bilderteam. S.20/21: Michael Stuckey/Comstock (2), M+C Werner/Comstock; Eberhard Grames/Bilderberg; Terrje Rakke/Image Bank; Vidal/Campagne, Campagne; Alain Durand/ANA; Shinzo Maeda/Image Bank; Tony Stone Worldwide; Karl Hentz/Image Bank. S.22/23: Rasch-Tapeten. S.28/29: Hunter Douglas/Luxaflex; Albert van Rosendaal; Stefan Thurmann/G & J; Christian Fischbacher-Stoffe; Vincent Knapp/Elle Decoration; Michael Schinharl/Elle Decoration; Laura Ashley; Pegulan-Kollektion CHAMPION; Thomas v. Salomon/freundin; Rasch-Tapeten. S.30/31: Rasch-Tapeten (2); Rudi Schmutz/Elle Decoration; Tarkett Pegulan Kollektion CHAMPION; Matteo Manduzio/Ambiente; Shnitt/Marie Claire Maison; Matteo Manduzio/Elle Decoration; Christian Fischbacher-Stoffe; Laura Ashley; Achim Deimling/Elle Decoration. S.32/33: Christian Fischbacher-Stoffe; Mulberry; Rasch-Tapeten; Willig/G & J; Albert van Rosendaal/freundin; S.F.B. Dietrich/freundin (2); Achim Deimling/Elle Decoration; Richard Bryant. S.34/35: Christian Fischbacher-Stoffe (2); Musterring International (2); S.F.B. Dietrich/freundin (2); Hajo Willig/ G & J; Fritz Stradtmann/G & J; Friedrich Busam/DAS HAUS. S.36/37: Christian Fischbacher-Stoffe. S.42/43: Musterring International. S.44/45: Musterring International. S.46/47: Musterring International. S.48/49: Musterring International. S.50/51: Pegulan-Kollektion CHAMPION. S.58/59: C. Dugied/Marie Claire Maison; Suomen Kuvapal. S.60/61: Bodo Schlechtweg/freundin; Heiner Orth/G & J; Frank Goral/freundin; Richard Stradtmann/G & J. S.62/63: Karen Radkai; Bent Weber/Ambiente. S.64/65: Heiner Orth/G & J; Albert van Rosendaal/DAS HAUS; Albert van Rosendaal/freundin; Christian Fischbacher-Stoffe. S.66/67: Heiner Orth/G & J; Gerry Rogers/G & J. S.68/69: Richard Stradtmann/G & J, Hajo Willig/G &J: Bodo Schlechtweg/freundin; Wolfgang Krüger/freundin. S.70/71: Richard Stradtmann/G & J; Hussenot/Marie Claire Maison. S. 72/73: Richard Stradtmann/G & J (2); Bodo Schlechtweg/freundin; Heiner Orth/G & J. S.74/75: Richard Stradtmann/G & J (2). S.76/77: Antoine Bootz; Hajo Willig/G & J. S.78/79: Musterring International; Heiner Orth/G & J. S.80/81: Frank Goral/freundin; Jürgen Carstensen/freundin. S.82/83: Albert van Rosendaal/freundin; Wolfgang Krüger/freundin. S.84/85: Antoine Bootz; Matteo Manduzio/Ambiente; Wolfgang Krüger/DAS HAUS. S.86/87: Albert van Rosendaal/freundin; Richard Stradtmann/G & J. S.88/89: allmilmö-Küchen (3). S.90/91: Villeroy & Boch; Nevobad. S.92/93: Albert van Rosendaal/freundin; C. Dugied/Marie Claire Maison. S. 94/95: Bodo Schlechtweg/freundin; Nevobad. S.96/97: Winfried Nörenberg/G & J; MP. Norel, Styling: Ardouin Guibert; Gerry Rogers/G & J. S.114-121: Stoffe: Christian Fischbacher; Hölzer: Musterring International; Teppichböden: Pegulan Kollektion CHAMPION; Tapeten: Gebr. Rasch; Lacke/Wandanstriche: ICI; Vorhangstangen: Hubert Blome GmbH; Türgriffe: FSB Franz Schneider. S. 124/125: Michael Fuchs.

Farbberatung hat Hochkonjunktur, und das zu Recht. Denn Farben spielen eine wichtige Rolle – nicht nur, wenn es darum geht, die Kleidung und das Make-up optimal auf den eigenen Typ abzustimmen.
Neben der ästhetischen läßt sich auch die psychologische Wirkung der Farben nutzen und das in besonderer Weise bei der Gestaltung der eigenen vier Wände. Farben können einen Raum sachlich-kühl oder gemütlich warm erscheinen lassen, sie können stimulieren oder beruhigen. Dies allerdings nur, wenn der Einrichtung ein stimmiges Farbkonzept zugrunde liegt. Ein solches Farbkonzept zu entwickeln ist keine Hexerei, wenn man die Kriterien kennt, an denen man sich auch als Laie leicht orientieren kann. Solche Kriterien bietet die in der Mode-Farbberatung bereits bestens bewährte Jahreszeitentheorie. Mit ihrer Hilfe läßt sich die farbliche Gestaltung oder Umgestaltung einer Wohnung bis ins Detail planen. Was nebenbei zur Folge hat, daß bei Kauf von Möbeln und Wohnaccessoires auch Fehlinvestitionen weitgehend vermieden werden. Das spart Frust und Geld. Außerdem ist die Beschäftigung mit Farben und ihren Wirkungen durchaus spannend, und das Ausarbeiten eines Planungsschemas, wie es dieses Buch zeigt, kann ein Spaß für die ganze Familie sein.
Die Auswahl an Möbeln, Stoffen, Teppichen, Tapeten war noch nie so groß wie heute. Was zur Folge hat, daß es noch nie so schwer war, aus der Fülle des Gebotenen die richtige Auswahl zu treffen. Dieses Buch wird es Ihnen nicht nur leichter, sondern sogar zum Vergnügen machen.

Edda Küffner

Frühling, Sommer, Herbst und Winter haben ganz charakteristische Farbstimmungen

Die Farbstimmungen der Jahreszeiten lassen sich problemlos auf Wohnräume übertragen

Komplementäre Farbzusammenstellungen ergeben besonders reizvolle Farbkonzepte

KAPITEL I
Die Farben der Jahreszeiten

KAPITEL II
Jahreszeitenstimmung für die Wohnung

KAPITEL III
Das Prinzip der Komplementärfarben

KAPITEL IV
Theorie in die Praxis umgesetzt

Ob Küche, Bad oder Schlafzimmer – für jeden Wohnraum gibt es die optimale Jahreszeitenstimmung

Optische Tricks können Raumwirkung und Farbstimmung positiv verändern

Nicht nur auf die Farben kommt es an, auch die Materialien beeinflussen die Raumstimmung

KAPITEL I

Die Farben der Jahreszeiten

Frühling, Sommer, Herbst und Winter – zu jeder Jahreszeit präsentiert sich die Natur in anderen Farben. Ihr Zusammenspiel erzeugt den Eindruck einer jeweils typischen Farbstimmung. Die Jahreszeitenfarbtheorie geht davon aus, daß sich der natürliche Zusammenklang der Farben auch auf die Gestaltung von Wohnräumen übertragen läßt

Die Jahreszeitentheorie

Gekonnter Umgang mit Farben und Formen ist lernbar, und der beste Lehrmeister ist die Natur. Tag für Tag zeigt sie uns gratis, wie sich Farben harmonisch kombinieren lassen – in jeder denkbaren Lichtstimmung und zu jeder Jahreszeit. Weil der Mensch seit undenklichen Zeiten im Anblick dieser Harmonien lebt, erfreuen sie ihn mehr als andere Farbeffekte.

Das geschieht fast immer unbewußt. Wer lernen will, mit Farben richtig umzugehen, tut jedoch gut daran, auch sein bewußtes Sehen an den Farbkombinationen der Jahreszeiten zu schulen:

- *Der Frühling* beginnt mit einem wahren Farbtusch. Blüten in leuchtenden Farben, frisches Grün und rosig braune Knospen schmücken Wälder, Wiesen und Gärten. Rote Tulpen, lila Flieder und dottergelbe Primeln bestimmen das Bild.
- Flirrende Hitze und gleißendes Licht legen einen dunstigen Schleier über die explodierende Farbenpracht des *Sommers.* Gebleicht durch die Sonne erscheinen die Braun-, Beige- und Gelbtöne der Böden. Das zarte Gelbgrün der Blätter hat sich in ein tiefes, leicht bläuliches Grün gewandelt. Erfrischend und klar sind die Farben des Wassers: Türkis, Tiefblau und Meergrün.
- Die Farben des *Herbstes* sind erdig, satt, leuchtend und warm. Die ganze Palette der Laubfärbung, die Farben der Ernte und reifer Früchte leuchten intensiv.
- Der *Winter* hüllt die Natur in funkelndes Weiß. Das bunte Leben pausiert. Trotz Tannengrün, strahlend blauem Winterhimmel und farbenprächtiger Sonnenuntergänge beherrschen Schwarzweißkontraste die Szenerie.

Die Farben einer Jahreszeit passen immer zusammen

Das farbliche Bild der Natur wandelt sich mit den Jahreszeiten. Die typischen Farben einer Jahreszeit passen jedoch immer zusammen. Der Grund dafür: In jeder Jahreszeit dominiert eine Basisfarbe. Im Frühling ist es Gelb, im Sommer Blau, im Herbst Rot und im Winter wieder Blau.

Jede dieser Grundfarben prägt das Farbbild einer Jahreszeit.

Rot und Gelb werden allgemein als warm, Blau hingegen als kalt empfunden. Im Hinblick auf die Basisfarben der Jahreszeiten kann man also Frühling und Herbst als Jahreszeiten der warmen, Sommer und Winter als die der kalten Farben bezeichnen. Die Einteilung in warm und kalt vermittelt eine praktische Orientierung wenn es darum geht, sich mit den Farben der vier Jahreszeiten bekanntzumachen. Wie sie aussehen, zeigen die Farbstreifen auf den Seiten 11 und 13.

Grundsätzlich gilt: In jeder Jahreszeit ist jede Farbe vertreten, aber sie hat ihre jeweils charakteristische Anmutung. Was außerdem ganz deutlich wird: Frühlings- und Herbstfarben zeigen wegen ihrer warmen Grundtöne sehr viel mehr Verwandtschaft untereinander als mit den kalten Sommer- und Winterfarben. Dasselbe gilt umgekehrt für die Farben der beiden „kalten" Jahreszeiten. Für die Praxis heißt das: Im Zweifelsfall kann man eine Frühlingsfarbe unter Herbstfarben oder eine Winterfarbe unter Sommerfarben mogeln, ohne daß deutliche Farbstilbrüche entstehen. Kombiniert man jedoch Winter mit Herbst oder Frühling mit Sommer, entsteht eine Spannung, die wir als unharmonisch empfinden.

Frühlingsfarben unterscheiden sich von Herbsttönen vor allem dadurch, daß sie leichter und fröhlicher wirken, während die Nuancen des Herbstes satt, erdig und schwer sind. Im Sommer erscheinen die kühlen Töne fast immer ein wenig verwaschen, während sie im Winter grell oder in eisigem Pastell erstrahlen. Ein Vergleich der Farbstreifen mit den Naturbildern auf den nächsten Seiten macht das deutlich.

FRÜHLING	HERBST
Wollweiß	Ecru
Schwefelgelb	Maisgelb
Cremegelb	Dottergelb
Apricotrosé	Pfirsichrosé
Lachsrosé	Orangenrot
Mohnrot	Tomatenrot
Amethyst-violett	Brombeer-violett
Rotviolett	Pflaumen-violett
Wasserblau	Taubenblau
Kornblumen-blau	Petrol
Königsblau	Violettblau
Lindgrün	Jade
Maigrün	Olivgrün
Moosgrün	Tannengrün
Nougatbraun	Rotbraun
Terrakotta-braun	Rostbraun
Nußbraun	Kaffeebraun
Cremebeige	Goldbeige
Gelbbeige	Kamelhaar
Beigegrau	Kieselgrau
Steingrau	Moosgrau

Natürliche und künstliche Farben – wo liegt der Unterschied?

Wer Steine, Blätter, Erden und Rinden betrachtet, wird feststellen, daß es glatte, unstrukturierte Oberflächen von gleichmäßiger Farbigkeit nicht gibt. Alles in der Natur besitzt geriffelte, gekörnte, gerundete oder geäderte Strukturen und Unebenheiten, die das Licht auf unterschiedliche Weise reflektieren, die Schatten werfen und Konturen zeichnen. Es entsteht also nie ein homogener Farbeindruck. Da zudem die Zusammensetzung der Farbe von Naturstoffen niemals einheitlich ist, sind die Farbwirkungen unendlich vielschichtig und lebendig. Auch das trägt dazu bei, daß in der Natur kein Farbton dem anderen völlig gleicht. Doch sind es gerade die kaum wahrnehmbaren Nuancen, die als besonders angenehm empfunden werden.

Der Reichtum an subtilen Nuancen, der in der Natur oft schon bei einer Farbe vorkommt, läßt sich bis zu einem gewissen Grad auch mit den meist „künstlichen“ Farben, die Stoffe, Böden, Lacke und Tapeten haben, kopieren. Das gelingt um so besser, je mehr man auch Formen, Strukturen, Materialeigenschaften, Muster und Beleuchtung einbezieht.

Wie verbindlich ist die Jahreszeitentheorie?

Der Streit darüber, ob es für die ästhetische Beurteilung von Farben verbindliche Regeln gibt oder nicht, ist uralt. Er dürfte unentschieden bleiben – auch dann, wenn sich Farben dadurch „objektivieren“ lassen, daß man beispielsweise die Wellenlänge oder die Strahlkraft des reflektierten Lichtes mißt. Naturwissenschaftliche Analysen sind jedoch etwas anderes als Farbeindrücke. Die einen bringen meßbare Resultate, die anderen werden empfunden, und das höchst subjektiv. Trotzdem muß – wie immer, wenn Menschen sich verständigen wollen – ein Konsens gefunden werden. Einen solchen Konsens bietet die Jahreszeitentheorie. Sie erhebt nicht den Anspruch, naturwissenschaftlich zu sein, basiert jedoch auf empirischem, das heißt aus der Erfahrung gewonnenem Wissen über das ästhetisch-harmonische Zusammenspiel der Farben und ihrer Wirkung auf den gesamten Organismus.

An den Jahreszeiten und ihren Farbstimmungen sollte man sich orientieren, so lange man unsicher ist. Wer das Prinzip beherrscht, darf sich Abweichungen erlauben. Sie können durchaus reizvoll sein und die individuelle Note einer Wohnung betonen.

Welche Naturstimmung der Jahreszeiten liegt Ihnen am meisten?

Lassen Sie die Naturstimmungen auf den Seiten 14 bis 21 in Ruhe auf sich wirken. Welche Jahreszeit ruft bei Ihnen die angenehmsten Empfindungen hervor? Der Frühling mit seinen fröhlichen, bunten Blumen? Der Sommer mit seinen Strand- und Wasserfarben? Die gemütliche Farbszenerie des Herbstes oder die kühle Strenge des Winters? Falls Sie sich nicht spontan entscheiden können: Überlegen Sie genau, wie Ihre Wahl aussähe, wenn Sie sich von Grund auf neu einrichten würden. Vielleicht hilft Ihnen auch die Tabelle auf Seite 25. Sie listet auf, welche Jahreszeit für welchen „Psycho-Typ“ charakteristisch ist. Die spontane, rein gefühlsmäßige Entscheidung ist jedoch am besten. Sie zeigt meist ganz eindeutig, welches die ideale Jahreszeitenstimmung für die eigene Wohnung ist. Also vertrauen Sie Ihrer Intuition.

SOMMER	WINTER
Milchweiß	Schneeweiß
Chrysanthemengelb	Sonnengelb
Vanillegelb	Vanillegelb
Altrosé	Pinkrosé
Phlox	Pink
Rubinrot	Hochrot
Flieder	Blauviolett
Veilchenblau	Lavendel
Lichtblau	Eisblau
Rauchblau	Azurblau
Nachtblau	Marineblau
Mintgrün	Lagunengrün
Waldmeister	Türkisgrün
Smaragdgrün	Tannengrün
Milchkaffeebraun	Rauchbraun
Rosenholz	Schwarzbraun
Schokoladenbraun	Schwarz
Kieselbeige	Sandbeige
Altrosébeige	Graubeige
Silbergrau	Blaugrau
Rauchgrau	Anthrazit

Frühlingsfarben in der Natur

Fröhliche, leuchtende, aber trotzdem immer weiche, nicht grelle Farben sind typisch für die Natur im Frühling: das Violett des Flieders, das heitere Gelb der Rapsfelder, das intensive Rot von Tulpen und Mohn, das cremige Weiß der Narzissen, die Rosa- und Apricottöne blühender Obstbäume. Zwischen allem frisches Grün von Gräsern und Kräutern und sonnendurchflutetes Goldgrün erster Buchenblätter. Der Frühling steht auch für strahlendes Himmel- und Vergißmeinnichtblau, für zartes Apricot oder sattes Ringelblumenorange, für weiches Braun an Knospen und Ästen und für gelbliches Beige der Kieseln in den Bächen.

Sommerfarben in der Natur

Die Farbenpracht des Sommers ist vielfältig und explosiv. Trotzdem sind für die Farbstimmung dieser Jahreszeit nicht die grellen, sondern die gedämpften, gebrochenen Töne die typischen: das kühle, wässrige Blau des Meeres, der Dunst, der an heißen Sommermorgen die Landschaft verschleiert, das sanfte Violett südlicher Lavendelfelder, das ausgebleichte Braun und Grau trockener Steine und rissig gewordener Erde. Für Belebung sorgen das satte, bläuliche Rot der ersten Früchte, das Rosa der Rosen in allen Intensitäten, das lodernde Pink wilder Erbsen, das sich auch von flirrender Hitze und gleißendem Licht seine Leuchtkraft nicht rauben läßt.

Herbstfarben in der Natur

Typisch für den Herbst sind die Farben der Ernte: Das satte Rot der Äpfel, das weiche Hellbraun der Zwiebeln, die unter der goldenen Herbstsonne trocknen, das Farbenspiel zwischen Rot und Gelb auf den Hüten der letzten Pilze. Das schräg einfallende Sonnenlicht verleiht allen Farben den charakteristischen, rötlich-warmen Touch, selbst dem Braun des Ackerbodens und dem Gelb trockener Halme. Die ganz besondere Faszination herbstlicher Farbenpracht aber lösen mit Sicherheit die Komplementärkontraste aus, denen man überall begegnet. Rot und Grün, Gelb und Violett, Blau und Orange präsentieren sich in raffiniertesten Abstufungen.

Winterfarben in der Natur

Schwarzweiß-Kontraste beherrschen die Natur im Winter. Vor funkelndem Weiß und im harten, klaren Licht der kalten Jahreszeit kommen die wenigen, noch vorhandenen Farben doppelt zur Geltung: das tiefe Grün der Tannen, das leuchtende Rot überwinternder Beeren, das Gelb der ersten Krokusse, aber auch glühendes Orange winterlichen Abendhimmels vor bläulichen Silhouetten verschneiter Tannen. Der Mangel an Buntheit schärft den Blick auch für die lichten Eistöne, die für den Winter typisch sind: das Eisblau, Eisgrün und Eistürkis von verschneiten Seen, das zartrosa Licht eines Wintermorgens, das schwärzliche Blau ferner Berggipfel oder das kühle Dunkelbraun des Bodens.

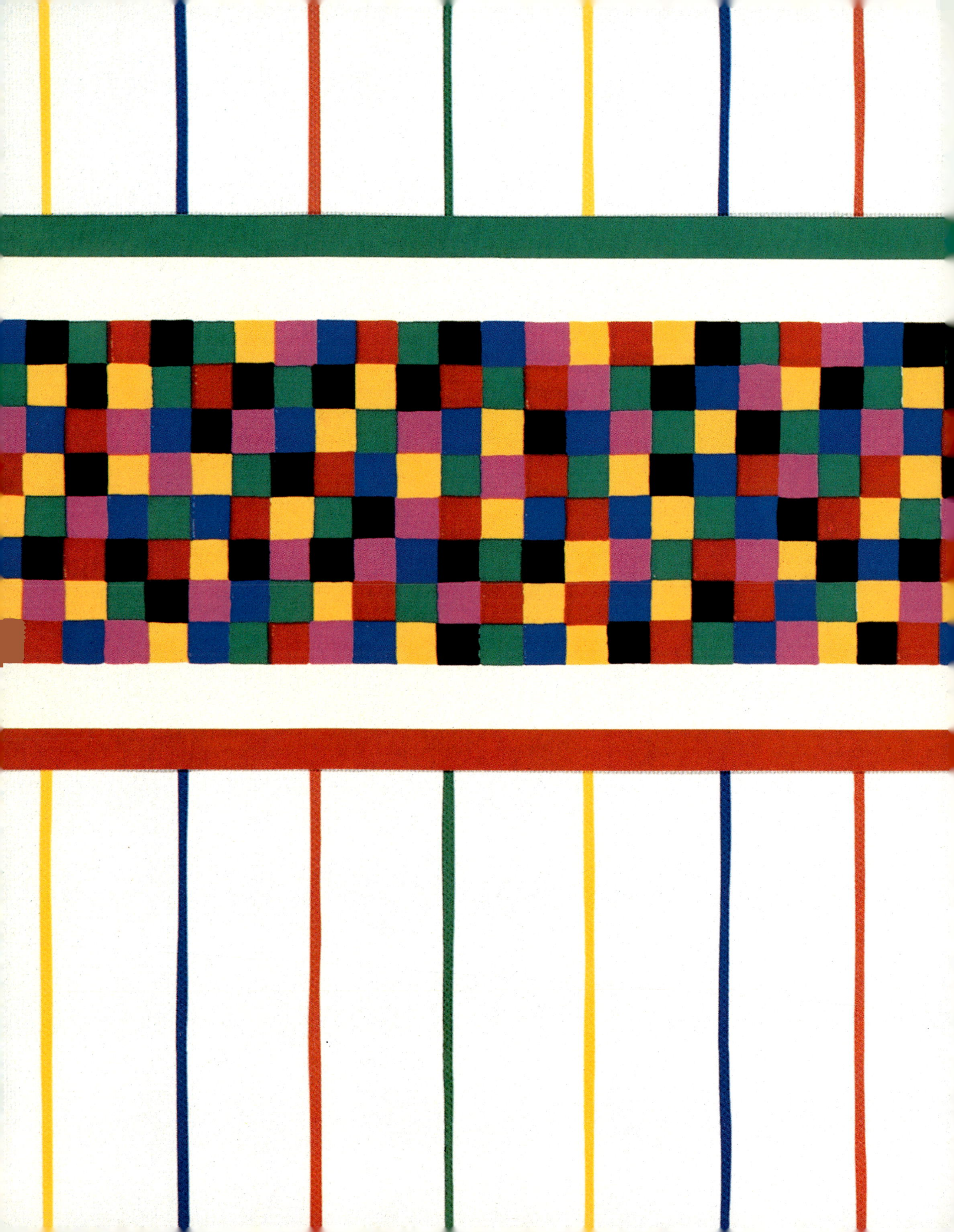

KAPITEL II

Jahreszeiten-stimmung für die Wohnung

Die bunte Fröhlichkeit des Frühlings, die Eleganz sonnengebleichter und wässrig-frischer Sommerfarben, die Atmosphäre der Erntezeit oder das puristische Schwarzweiß der Winterlandschaft – die Farbstimmung, die Ihnen in der Natur am meisten Wohlgefühl vermittelt, tut das mit großer Sicherheit auch in den eigenen vier Wänden

So finden Sie Ihre Jahreszeit

Vergleichen Sie die Landschafts- und Detailfotos auf den vorhergehenden Seiten mit den Raum-Collagen auf den nächsten Seiten, und Sie erkennen sofort: Die Farben der Jahreszeiten lassen sich sehr gut auf Wohnräume übertragen, weil sie draußen wie drinnen eine ähnliche Stimmung erzeugen.

Hat man sich erst einmal generell für eine Jahreszeitenstimmung entschieden, ist man in der Frage der Farbwahl schon einen entscheidenden Schritt weitergekommen. Jetzt geht es darum, die Jahreszeit, die man gewählt hat (oder die Jahreszeiten, zwischen denen man vielleicht noch schwankt), auf farbliche und gestalterische Details abzuklopfen, auf die es beim Einrichten ja entscheidend ankommt.

Welche Jahreszeit liegt Ihnen am meisten?

Machen Sie sich noch einmal klar, auf welche Grundfarbe Sie sich jeweils einlassen:

■ Im *Frühling* ist es *Gelb.* Sie ist die lichteste der drei Basisfarben und strahlt Optimismus und Heiterkeit aus. Diese Wirkung überträgt sich auf alle Mischtöne, die aus dieser Grundfarbe hervorgehen (siehe auch die Tabelle auf Seite 27). Frühlingsnuancen, die beim Einrichten für typische Frühlingsstimmung sorgen, sind Gelbgrün, Gelbrot und ein gelbgrundiges Rehbraun. Wichtig zu wissen: Kombiniert man sie mit Tönen, in denen Gelb nicht vorkommt, wie Blau oder Violett, muß es ein leichtes, freundliches Kornblumenblau, Taubenblau bzw. Amethystviolett oder Grauviolett sein, wie es die Frühlingspalette (siehe Seite 11) enthält.

Beim Kombinieren von Frühlingsfarben mit Naturmaterialien wie Holz, Stein, Metall sollte man unbedingt auf einen gelblichen Unterton achten. Auch die Form der Möbel und die Strukturen ihrer Oberflächen spielen eine Rolle: Schön ist es, wenn sie im Stil mit dem leichten und beschwingten Charakter der Grundfarbe verwandt sind, das heißt, die Oberflächen sollten wenig strukturiert, am besten glatt, weich und seidig sein. (Mehr darüber im Kapitel „Frühling: Perfekter Materialmix“, Seite 114.)

■ Im *Sommer* ist laut Jahreszeitentheorie *Blau* die dominierende Farbe. Sie zeichnet für den kühlen Unterton aller Sommerfarben verantwortlich. Typisch ist der zarte Grauschleier, der vielen Tönen eine dezente Eleganz verleiht. Sommernuancen, die beim Einrichten für die charakteristische Jahreszeitenstimmung sorgen, sind verwaschenes Blau, Altrosé, Flaschengrün, lichtes Silbergrau, sanftes Fliederviolett und, als Kontrapunkt, das Pink von Phlox, Rosen und Hortensien oder das Rot von Himbeeren und Kirschen. Das freundlich strahlende Gelb wird in der Sommerpalette dem kühlen Farbbild angepaßt und in ein zartes Vanillegelb verwandelt.

Silbrig, kühl und eher bläulich sollten alle Metalle und Naturmaterialien sein, die in einem „sommerlich“ eingerichteten Raum die Farben von Stoffen, Tapeten und Teppichen ergänzen. Die passenden Möbel haben Formen und Oberflächenstrukturen von dezenter Eleganz. (Mehr darüber im Kapitel „Sommer: Perfekter Materialmix“, Seite 116.)

■ Im *Herbst* ist warmes *Rot* die bestimmende Farbe. Teppiche, Tapeten und Stoffe in Herbstfarben sind ausdrucksvoll und satt. Farben wie Dottergelb, Kastanienbraun, Kupfer und Pflaumenviolett setzen mit ihrer warmen Leuchtkraft Akzente. Wichtig beim Einrichten mit Herbstfarben: Es sollten keine grellen oder zu „leichten“ Töne in das behaglich-gemütliche Farbbild hineingeraten.

Holz, Stein und Metall werden dem Herbst meist richtig zugeordnet, weil man automatisch goldene, rötliche Töne mit dieser Jahreszeit verbindet. Die Möbel kön-

WELCHE FARBE PASST ZU WELCHEM PSYCHO-TYP?

Melancholiker:

Ist ein Verstandesmensch, schätzt geordnete Verhältnisse und Geborgenheit. Kann zu Inaktivität neigen

Wesensverwandte Farbe: Blau
Wirkt beruhigend, zurückhaltend, passiv, kühl. Bietet dem Melancholiker Entspannung, Zufriedenheit, Harmonie

Wesensverwandte Jahreszeit: Sommer
Ausgleichende Farben: Komplementäre Nuancen aus dem Rot-, Orange- oder auch Gelbbereich. Geben dem Melancholiker Anregung und Antrieb, lassen ihn aktiver werden

Phlegmatiker:

Liebt Ruhe und Beständigkeit. Hat ein ausgeglichenes, gefestigtes Temperament. Ist oft introvertiert und passiv

Wesensverwandte Farbe: Grün
Wirkt beruhigend, festigend, ausgleichend. a) In gelblicher Nuance: freundlich, heiter anregend b) In bläulicher Nuance: kühl, introvertiert, distanziert

Wesensverwandte Jahreszeit:
bei **a) Herbst**
bei **b) Sommer**
Ausgleichende Farben: Warme, aktive und aufmunternde Rot- und Gelbrottöne

Sanguiniker:

Ist heiter und aufgeschlossen. Kann himmelhochjauchzend sein und gleichzeitig zu Tode betrübt. Neigt zu optimistischer Lebenseinstellung

Wesensverwandte Farbe: Gelb
Wirkt sonnig, luftig, heiter, licht, freundlich, optimistisch

Wesensverwandte Jahreszeit: Frühling
Ausgleichende Farben: Komplementäres Violett bringt Balance. Auch gedeckte, dunkle Töne können das überschäumende Temperament des Sanguinikers vorteilhaft dämpfen

Choleriker:

Ist extrovertiert, kommunikativ, oft sehr temperamentvoll. Kann gut mit Rot, selbst in seiner intensivsten Form, umgehen

Wesensverwandte Farbe: Rot
Wirkt dynamisch, aktiv, temperamentvoll, auffallend

Wesensverwandte Jahreszeit: Winter
Ausgleichende Farben:
Blaurot dämpft ein extrem extrovertiertes Temperament, ohne gleich Passivität zu erzeugen. Ausgleichend wirkt das komplementäre Grün

nen barock opulent und gemütlich einladend sein. Dazu passen sehr schön naturbelassene und strukturierte Oberflächen. (Mehr darüber im Kapitel „Herbst: Perfekter Materialmix" auf Seite 118.)

■ Kühles *Blau* ist der Grundton des *Winters*. Obwohl reines Weiß und tiefes Schwarz tonangebend sind, ist der kühle Farbhauch doch überall spürbar – in den Eistönen der hellen Farben wie in dem klaren, leuchtenden Rot, Blau, Pink und Gelb, das für den Winter typisch ist.

Warme „gemütliche" Farben aus der Herbstpalette wirken neben Winterfarben dumpf und deplaziert. Frühlingsfarben hingegen sind erstaunlicherweise nicht immer fehl am Platze. In leuchtenden und lebhaften Nuancen bieten sie dem Winter paroli. Leuchtendes Blau, strahlendes Gelb und lebhaftes Rot sind Töne, die sowohl im Frühling wie auch im Winter gut ins Bild passen.

Was die Einrichtung betrifft, ist im Winter alles Verschnörkelte, Stumpfe oder Verspielte problematisch, wie überhaupt nur wenige Hölzer farblich ins Bild passen. Klare, gestylte Formen, Lackoberflächen, Kunststoff, silbriges Metall und kühlglänzender Stein sind die ideale Ergänzung.

Alle Farben sind erlaubt, wenn die Nuance stimmt

Um es noch einmal ganz deutlich zu sagen: Die Tatsache, daß Sie eine bestimmte Jahreszeit mit ihrem charakteristischen Grundton bevorzugen heißt nicht, daß eine bestimmte Farbe deshalb tabu wäre. Auch wenn Sie sich beispielsweise für die Jahreszeit Frühling entschieden haben, Rot aber ihre Lieblingsfarbe ist, können Sie Rot durchaus verwenden – es kommt lediglich darauf an, daß Sie die richtigen Rotnuancen (nämlich die aus der Palette der Frühlingsfarben) wählen.

Welche Nuancen der Farben Gelb, Rot, Blau, Grün, Violett, Braun, aber auch Rosé, Beige, Grau und Weiß für die vier Jahreszeiten charakteristisch sind, zeigt die Tabelle auf Seite 27. Sie ist ein Pendant zu den Farbstreifen auf Seite 11 und 13.

Jahreszeit und Typ

Auch die Farbtyp-Beratung stützt sich auf die Jahreszeitentheorie. Bei der Empfehlung geeigneter Farben für Mode und Make-up geht sie davon aus, daß die Natur auch die Farben für Haare, Haut und Iris des Menschen aus den drei Grundfarben Gelb, Rot und Blau komponiert. Je nach genetischer Veranlagung ergeben sich dabei im wesentlichen vier Farbmischungen, die in erstaunlicher Weise mit den Farbstimmungen der Natur korrespondieren.

Der *Frühlingstyp* mit dem goldgelben Honigton seiner Haut und Haare zeigt deutliche Übereinstimmung mit den gelbgrundigen, heiteren Tönen dieser Jahreszeit.

Der *Sommertyp* mit der eher bläulich schimmernden Haut und dem aschblonden Haar harmoniert mit den bläulichen, edlen Tönen des Sommers.

Der *Herbsttyp*, meist sommersprossig und rothaarig, erinnert in seiner ausdrucksvollen Pigmentierung an die rotgrundigen Farbigkeiten von Herbstlaub und Ernte.

Der *Wintertyp* mit heller Haut, dunklem Haar und strahlend klaren oder auch schwarzen Augen zeigt Kontraste, wie wir sie in einer klaren Winterstimmung finden.

Aber: Die Farben, die mit dem Äußeren eines Typs besonders gut harmonieren, sind nicht zwingend dieselben, die ihm in den eigenen vier Wänden das beste Wohngefühl vermitteln. Merke: Farbtyp und Psycho-Typ können erheblich voneinander abweichen! (Details zum Psycho-Typ in der Tabelle auf Seite 25)

JAHRESZEITENFARBEN UND IHRE NUANCEN

	Typisch Frühling
Grundton	Gelb
Weiß	Eierschale, Cremeweiß, Wollweiß
Gelb	Goldgelb, Rapsgelb, Zitronengelb, Schwefelgelb, Cremegelb
Rot	Mohnrot, Korallenrot, Gelbrot, Flamingorot
Blau	Kornblumenblau, Königsblau, Wasserblau, Türkisblau
Grün	Maigrün, Lindgrün, Jadegrün, Gelboliv
Violett	Amethystviolett, Grauviolett, helles Rotviolett
Beige	Gelbbeige, Elfenbein, Goldbeige
Grau	Gelbgrau, Beigegrau, Steingrau, Silbergrau
Braun	Gelbbraun, Rehbraun, Goldbraun, Nußbraun, Nougat
Rosé	Lachsrosé, Flamingorosé, Apricot, Pfirsichrosé
Schwarz	Nur minimal verwenden
Metalle	Gelbmetalle

Allgemeine Merkmale: Warm, leicht, freundlich bis lebhaft

	Typisch Herbst
Grundton	Rot
Weiß	Ecru, Champagner, Muschelweiß
Gelb	Maisgelb, Dottergelb, Senfgelb
Rot	Tomatenrot, Orangerot, Kupferrot, Rostrot, Ziegelrot
Blau	Petrol, Taubenblau, tiefes Violettblau
Grün	Olivgrün, Tannengrün, Russischgrün, Khaki, Jadegrün
Violett	Pflaumenviolett, Brombeer, tiefes Rotviolett
Beige	Braunbeige, Kamelhaarbeige, Orangebeige
Grau	Moosgrau, Beigegrau
Braun	Mahagoni, Rostbraun, Rotbraun, Kaffeebraun
Rosé	Orangerosé, Lachsrosé, Apricot, Pfirsichrosé
Schwarz	Paßt nur bedingt in diese Gruppe, minimal verwenden
Metalle	Gelbmetalle, Rotmetalle

Allgemeine Merkmale: Warm, leuchtend, erdig, gedeckt

	Typisch Sommer
Grundton	Blau
Weiß	Milchweiß, Grauweiß, Kalkweiß
Gelb	Vanillegelb, Chrysanthemengelb, helles Strohgelb
Rot	Himbeerrot, Burgunderrot, Weinrot, Rubinrot, Bordeaux
Blau	Stahlblau, Nachtblau, Lichtblau
Grün	Blaugrün, Smaragdgrün, Türkisgrün, Mint, Waldmeister
Violett	helles Blauviolett, Flieder, Veilchenviolett, Grauviolett
Beige	Graubeige, Blaubeige, Kieselbeige, Schlammbeige
Grau	Blaugrau, Rauchgrau, Silbergrau
Braun	Schokoladenbraun, Milchkaffeebraun, Schlammbraun
Rosé	Altrosé, Blaurosé, Pinkrosé
Schwarz	Besser ist Anthrazit
Metalle	Weißmetalle

Allgemeine Merkmale: Kühl, dezent, matt, zart, zurückhaltend

	Typisch Winter
Grundton	Blau
Weiß	Schneeweiß, Blauweiß
Gelb	Sonnengelb, Zitronengelb, Vanillegelb
Rot	Hochrot, Purpurrot, Phloxrot, Pink, Rubinrot
Blau	Azurblau, Eisblau, Schwarzblau, Marineblau
Grün	Blaugrün, Türkisgrün, Smaragdgrün, Lagunengrün, Tannengrün
Violett	Blauviolett, Rotviolett, Lavendel, Veilchenviolett
Beige	Sandbeige, Graubeige, Blaubeige
Grau	Blaugrau, Anthrazit, Eisgrau, Silbergrau
Braun	Schwarzbraun
Rosé	Eisrosé, Pinkrosé, Erikarosé
Schwarz	Ist in dieser Gruppe ideal
Metalle	Weißmetalle, Schwarzmetalle

Allgemeine Merkmale: Kalt bis eisig, klar und strahlend

Frühlingsfarben in der Wohnung

Die Frühlingsfarben der Natur, übertragen auf Wohnräume aller Art, erzeugen eine fröhlich-beschwingte Farbstimmung auf der Basis von sonnigem Gelb. Bestimmende Farben an Wänden und auf Böden sind weiche, warme Töne wie Eierschale, Goldgelb oder Gelbbeige, aber auch Lindgrün, Veilchenlila oder Apricotrosé. Akzentfarben, die den frühlingshaften Hintergrund beleben, wie sie für erste Blumen charakteristisch sind, können Kornblumenblau, Maigrün, aber auch Mohnrot, Korallenrot oder Flamingorot sein (siehe Tabelle Seite 27). Neutralisierend wirken Steingrau und warme Brauntöne wie Rehbraun und Nougat. Gelbliche Metalle sorgen für die perfekte Ergänzung.

Sommerfarben in der Wohnung

Elegant und auf angenehme Weise kühl ist die Farbstimmung von Räumen, die in Sommerfarben gestaltet werden. Die dezente Verwaschenheit der Farben und die überall präsente Grundfarbe Blau verleihen der Einrichtung repräsentativen Charakter oder fast südlich-provenzalisches Flair. Weil Wände und Decken bevorzugt in Farben wie Milchweiß, Stahlblau oder Altrosé gestrichen sind, erscheinen Sommerzimmer fast immer weit und hell. Böden in Silbergrau, Mintgrün oder Blaubeige verstärken diesen Effekt. Für Farbakzente in Sommerräumen sorgen Himbeerrot, Burgunderrot, Himmelblau oder Smaragdgrün. Passende Brauntöne sind Schokoladen- oder Milchkaffeebraun.

Herbstfarben in der Wohnung

Kräftig leuchtende, warme Farben verleihen Herbstzimmern eine betont gemütliche Ausstrahlung. Der Grundton dieser Jahreszeit ist Rot, und alle Farben der Skala links lassen sich perfekt damit kombinieren. Spannende Kontraste entstehen, wenn tiefes Rotviolett, Tannengrün, Dottergelb oder Petrolblau auf Stoffen und Tapeten kombiniert wird mit Möbeln und Parkett in warmen Rost- und Mahagonitönen. An Wänden und Decken ist gelbliches Muschelweiß ebenso richtig wie Maisgelb, Jadegrün oder Rotbraun. Exotische Einsprengsel in Form von Tigerfelldessins oder indischen Goldbordüren bringen Pep ins Ambiente.

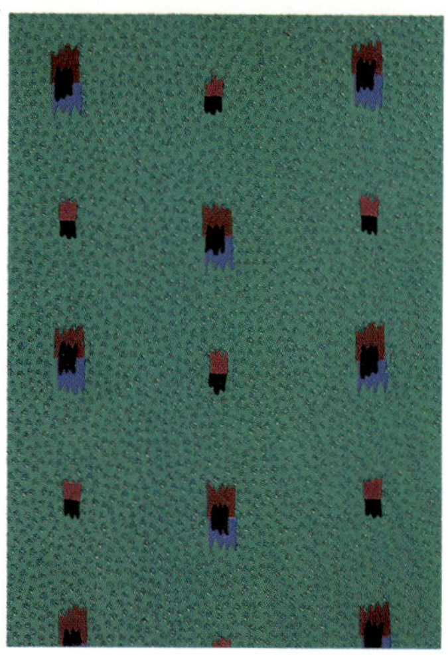

Winterfarben in der Wohnung

Ebenso wie in der Natur sind harte Schwarzweiß-Kontraste typisch für die Winterstimmung in Wohnräumen. Im Gegensatz zu Eis und Schnee sorgen hier kräftige Farben in klaren Nuancen für Lebendigkeit. Hochrot, Azurblau, Sonnengelb und Tannengrün vor einem schwarzen Hintergrund sind Favoriten. Sie kommen einigen leuchtenden Frühlingstönen nahe, erscheinen aber durch ihren bläulichen Unterton härter. Kaltes Blau charakterisiert auch die winterlichen Weißtöne und Eispastellfarben der Wände und Decken, die Schwarz und alle Farbakzente doppelt zur Geltung bringen. Schnörkellose Formen, geometrische Muster und silbrig-kühle Metalle runden das Bild ab.

KAPITEL III

Das Prinzip der Komplementärfarben

Alle Nuancen einer Jahreszeit passen grundsätzlich zusammen – das ist ein ebenso einfaches wie leicht anzuwendendes Prinzip, wenn es darum geht, Farben harmonisch zusammenzustellen. Es schließt aber nicht aus, daß es innerhalb einer Jahreszeitenpalette Farbkombinationen gibt, die ganz besonders reizvoll sind

Kombinieren nach dem Farbkreis

Wer gern auf Nummer sicher geht und keine Experimente liebt, kann sich an eines von drei Konzepten halten, die alle sanfte, ruhige und elegante Farbzusammenklänge ergeben.

■ *Hell-Dunkel-Abstufungen einer Farbe:* Man nennt sie auch Ton-in-Ton-Kombinationen, Beispiel: Rot in allen Abstufungen von rötlichem Beige über Lachs zu Kupfer und Rotbraun. (Gegen Monotonie hilft hier viel Pflanzengrün oder auch einige Tupfer einer Kontrastfarbe wie Blau.)

■ *Farben gleicher Helligkeitsstufe:* Dieses Konzept wirkt selbst dann nicht aufdringlich oder „bunt", wenn die verschiedensten Farben einer Jahreszeit aufeinandertreffen. Wichtig ist, daß alle Töne die gleiche dezente Leuchtkraft haben. Beispiel: Ein Potpourri von zarten oder leicht gräulichen Pastells. Oder aber die Töne sind satt, erdig oder grau verschleiert. Beispiel: Eine Kombination aus Kupferrot, dunklem Tannengrün, Brombeer und Rostbraun.

■ *Farben aus dem gleichen Farbtonbereich:* Hier ist ein Grundton wie Gelb, Blau, Rot oder Grün für alle Nuancen bestimmend. Beispiel: Man nimmt aus einer Jahreszeitenpalette das typische Rot und kombiniert Töne miteinander, in denen diese Farbe deutlich durchscheint. Mit einem bläulichen Sommerrot als Grundton wäre das eine Kombination aus kühlem Roségrau, Rosébeige, Altrosé, Bordeaux und Rosenholzbraun.

Kombinieren nach dem Komplementärprinzip

Besonders raffiniert sind Farbkombinationen nach dem Komplementärprinzip. Komplementär bedeutet: Zwei Farben stehen sich auf dem Farbkreis (siehe rechts) gegenüber. Das Verblüffende daran: Mischt man eine Farbe mit ihrer Komplementärfarbe, also Gelb mit Violett, Rot mit Grün und Blau mit Orange, so erhält man Grau. Werden Komplementärfarben nicht gemischt, sondern als reine Farben nebeneinander gesetzt, steigern sie sich gegenseitig zu höchster Leuchtkraft. Für eine Wohnungseinrichtung sind sie deshalb ungeeignet. Verwendet man sie allerdings in gedämpften Nuancen, erzielt man sehr reizvolle Effekte (siehe Seite 42 bis 49). Einrichten nach dem Komplementärprinzip ist eine ebenso einfache wie erfolgsversprechende Möglichkeit,

– wenn man eine Wohnungseinrichtung neu plant,
– wenn in eine vorhandene Einrichtung neuer Pfiff gebracht werden soll oder
– wenn es Farbvorgaben in einer Wohnung gibt (wie Teppichböden, Türen, Kacheln), die optimal in die Ausstattung der Räume einbezogen werden sollen.

Die komplementären Nuancen der vier Jahreszeiten

Paare komplementärer Nuancen lassen sich für jede Jahreszeit zusammenstellen.

■ Frühling

Gelb/Violett: Die Gelbtöne sind beim Frühling leicht und freundlich; sie reichen von Cremegelb bis Rapsgelb. Diese Eigenschaften muß auch das Violett aufweisen. Ein warmes Amethystviolett in unterschiedlichsten Schattierungen ist ideal.

Blau/Orangerot: Die typischen Blautöne sind Wasserblau, Kornblumenblau und Königsblau. Schön dazu passen warme Rotnuancen wie Mohnrot, Lachsrot oder Apricot.

Purpurrot/Grün: Dieses Paar ist untypisch für den Frühling, denn beide Töne wirken eigentlich zu kühl. An die Stelle des Purpur tritt das (auf dem Farbkreis) benachbarte Hochrot. Um Frühlingsstimmung zu erzielen, ergänzt man es mit Nuancen von gelblichem Grün.

■ Sommer

Gelb/Violett: Das Sommergelb ist sehr zart. Es darf von seinem Pendant nicht übertönt werden. Deshalb ist das zugehörige Violett leicht grau und dezent kühl.

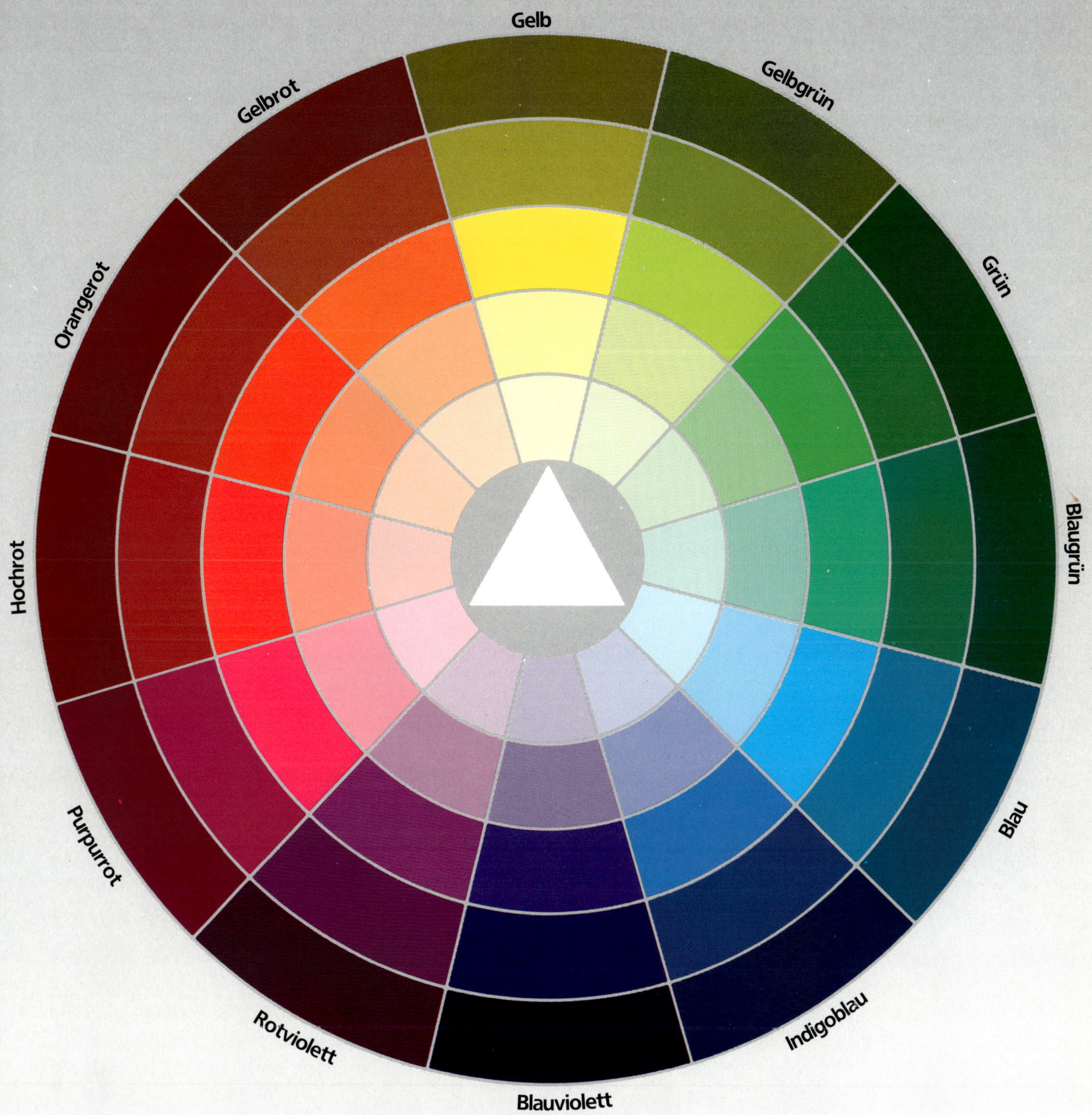

Der Farbkreis: Die Spitzen des Dreiecks weisen auf die drei Grundfarben Gelb, Blau und Purpurrot; im Feld gegenüber stehen die jeweiligen Komplementärfarben. In der Mitte erscheinen die „reinen" Farben, in den inneren Feldern sind sie mit Weiß aufgehellt, in den äußeren mit Schwarz abgedunkelt.

Blau/Orangerot: Für den Sommer ist das warme Rot untypisch. Will man die rauchigen, sommerlichen Blautöne mit Rot kombinieren, kann man jedoch auf einen kühlen Ton zurückgreifen, beispielsweise Altrosé oder Weinrot.

Purpurrot/Grün: Das Purpurrot weicht im Sommer dem Weinrot, Rubinrot oder Kirschrosé. Das Grün wird ein wenig gedämpft. Charakteristisch sind Mint, Flaschen- oder Smaragdgrün.

■ Herbst

Gelb/Violett: Entsprechend dem warm leuchtenden Grundcharakter der Herbstpalette wird das Gelb zu Dotter- oder Maisgelb. Es braucht als Gegenüber ein ebenso ausdrucksvolles Violett, wie zum Beispiel einen tiefen Brombeer- oder Pflaumenton.

Blau/Orangerot: Die erdigen Petrol- oder Rotblautöne sehen besonders schön zum erdig-warmen Herbstrot aus. Verwenden kann man alle Töne: vom Rost-, Kupfer- und Orangerot bis hin zu hellen Apricottönen.

Purpurrot/Grün: Purpurrot ist für die Herbstpalette zu kühl und wird deshalb durch Hochrot ersetzt. Tomatenrot, Ziegel oder Orangerosé sind hier die typischen Nuancen. Zusammen mit Tannengrün, Russischgrün oder Oliv entstehen raffinierte Kombinationen.

■ Winter

Weil Winterfarben sehr kontrastreich sind, können hier am ehesten die reinen Farben des Farbkreises verwendet werden.

Gelb/Violett: Leuchtendes Sonnengelb oder Eisgelb sieht gut mit dunklem oder eisigem Violettblau aus.

Blau/Orangerot: Das kalt strahlende Blau findet einen gleichwertigen Kontrast in leuchtendem Rot oder Hochrot.

Purpurrot/Grün: Hier können die Farben in stärksten Kontrasten auftreten: Purpurrot mit Tannengrün, Blaurot mit Blaugrün, Pink mit Türkisgrün.

Besonders effektvolle Nuancen von Komplementärpaarungen zeigen die Seiten 42 bis 49. Auf den Seiten daneben sind jeweils Anregungen für das Kombinieren von Teppich, Wand und Möbeln in komplementären Farben zu sehen. Wer die Möglichkeit hat, eine Wohnung oder gar ein Haus farblich von Grund auf neu zu planen, kann sich hier Anregung holen.

Altes mit Neuem ergänzen: Nach dem Komplementärprinzip geht's leichter

Ganz abgesehen von ihrer besonderen Ausstrahlung haben Komplementärfarben auch den Vorteil, sich gegenseitig in ihrer Wirkung zu steigern. So kommt beispielsweise ein schöner alter Schrank vor einer Wand in der Komplementärfarbe erst richtig zur Geltung, und ein fades altes Sofa kann auf dem richtigen Teppichboden wie neu aussehen.

Ein zweiter Vorteil des komplementären Kombinierens wird offensichtlich, wenn es darum geht, sich mit vorhandenen Farben neu zu arrangieren. Braun-, Beige- und Grautönen von Teppichböden oder Türen, die meist einfach akzeptiert werden müssen, kann durch komplementäre Ergänzungen viel von ihrer vielleicht tristen Wirkung genommen werden. Denn auch für die Farben Braun, Beige und Grau gilt, daß sie in jeder Jahreszeit etwas anders aussehen. Kann man den Ton einer der vier Paletten zuordnen, findet man dann leicht die Komplementärtöne heraus, die dem vielleicht ungeliebten Braun, Grau oder Beige seinen Schrecken nehmen. (Die Komplementärpaare auf den Seiten 42 bis 49 sind deshalb mit den zugehörigen Braun-, Beige- und Grautönen umrahmt.)

Auch die Farben von Stein, Holz und Metall müssen auf vergleichbare Weise in die komplementäre Farbplanung einbezogen werden, wenn das Ergebnis harmonisch sein soll. Welche dieser Materialien dem Frühling,

Sommer, Herbst und Winter zuzuordnen sind, erfahren Sie im Kapitel „Materialmix" ab Seite 112.

So baut man eine komplementäre Farbstimmung auf

Richten Sie sich von Grund auf neu ein, ist die Sache relativ einfach: Sie wählen Ihre bevorzugte Jahreszeitenstimmung, ziehen die komplementären Nuancenpaare hinzu und kombinieren nach Lust und Laune.

Soll in eine bereits eingerichtete Wohnung mit Hilfe von Komplementäreffekten mehr Pep gebracht werden, geht man am besten so vor:

1. Schritt: Stellen Sie fest, in welcher Jahreszeitenstimmung das Zimmer eingerichtet ist. Betrachten Sie dazu die Farben bei gutem Tageslicht, und begutachten Sie auch die Farben von Hölzern, Metallen, Fliesen und Steinen. Finden Sie Farben aus allen oder mehreren Jahreszeiten, sollten Sie nicht auf jede einzelne Farbe achten, sondern auf die Gesamtstimmung.

2. Schritt: Die Farbe, die diese Farbstimmung dominiert (beispielsweise ein Teppichboden oder der Stoff einer Sitzgruppe), wird auf ihren Grundton hin überprüft. Stammt sie aus der Frühlingspalette, dann ist der Grundton gelblich-warm. Gehört sie zur Sommerpalette, ist der Grundton dagegen bläulich-kühl. Ein rötlich-warmer Grundton weist auf eine Herbstfarbe hin. Hat die dominierende Farbe einen blauen Grundton, handelt es sich um eine Farbe aus der Winterpalette.

3. Schritt: Schauen Sie auf den Farbkreis, und betrachten Sie die dem Grundton gegenüberliegende Farbe. War der Grundton Gelb, ist die Komplementärfarbe Violett, war es Blau, liegt die Komplementärfarbe im Rotbereich, war der Grundton Rot, ist die Komplementärfarbe Grün.

4. Schritt: Je nachdem, zu welcher Jahreszeit der Teppich oder die Sitzgruppe gehört, für die Sie die komplementäre Ergänzung suchen, lassen Sie sich von den Farbenpaaren auf Seite 42 bis 49 zu einer geeigneten Nuance inspirieren.

Komplementärfarben – auch das Verhältnis muß stimmen

Selbst die schönsten Farbkompositionen können ihre Wirkung erst richtig entfalten, wenn die Farben auch im richtigen Verhältnis sorgfältig aufeinander abgestimmt sind. Wie sehr unser Auge auch auf die Proportion reagiert, in der Farben zueinander stehen, wird klar, wenn man sich ein kleines, sonnengelbes Sofa auf einem dunkelvioletten Teppich vorstellt: es wird automatisch zum Blickfang. Umgekehrt wird ein kleines violettes Sofa von einem sonnengelben Teppich völlig übertönt. Das Beispiel zeigt: Entscheidend für die Wirkung von Farben sind ihre Leuchtkraft und die Fläche, die die Farbe einnimmt. Schon Goethe, der sich intensiv mit Farbtheorie beschäftigte, erkannte, daß man die Komplementärfarben flächenmäßig ins Verhältnis setzen muß, um eine ideale Farbwirkung zu erzielen:

Gelb zu Violett: 1 : 3. Ein Viertel Gelb zu drei Viertel Violett ergibt die richtige Proportion.

Blau zu Orange: 2 : 1. Blau muß in doppelter Menge auftreten, um das dynamische Orange in Schach zu halten.

Purpur zu Grün: 1 : 1. Beide Farben haben die gleiche Leuchtkraft und können somit theoretisch im gleichen Flächenverhältnis auftreten.

Für die Praxis gelten diese Richtlinien jedoch lediglich dann, wenn man reine Komplementärfarben aus dem Farbkreis zusammenstellen möchte. Bei Kombinationen gedämpfter Farben sind die exakten Mengenverhältnisse weniger gravierend, weil sich die Farben ohnehin weniger leicht übertönen. Hier kommt man schon mit einer einfachen Faustregel aus: Je intensiver ein Farbton, vor allem die leuchtenden Rot- und Gelbtöne, desto kleiner sollte die Fläche sein.

Frühling: Die schönsten Komplementärkontraste

Kontraste reiner Komplementärfarben, wie sie sich im Farbkreis gegenüberstehen, sind sehr grell und wirken unruhig. Nuancen der komplementären Farbenpaare dagegen ergeben immer reizvolle Zusammenklänge. Voraussetzung ist, daß sie aus derselben Jahreszeitenpalette stammen. Oben und rechts: Die drei Komplementärpaare Orange/Blau, Rot/Grün und Gelb/Violett in jeweils frühlingstypischen Nuancierungen, die alle auch untereinander gemischt werden können. In den Rahmen: Grau-, Beige- und Brauntöne für Böden und Möbel, die besonders gut zu den Frühlingsnuancen passen

Komplementärkontraste empfehlen sich nicht nur bei der Auswahl von Mustern und der Aufstellung von Farbkonzepten überhaupt. Die Farbigkeit einzelner Möbelstücke kann durch Komplementärkontraste zu Hinter- und Untergründen vorteilhaft betont oder überhaupt erst richtig zur Geltung gebracht werden. Links oben: Die Chaiselongue in Blau-, Beige- und Orangetönen wird auf hellem Lachsbeige und vor Himmelblau gleich zweimal zum Blickfang. Rechts oben: Dasselbe geschieht hier im Rot-Grün-Bereich. Links: Helles Gelb und zartes Flieder unterstreichen die Farbigkeit des Sofas

Sommer: Die schönsten Komplementärkontraste

Komplementärfarben in Sommernuancen ergeben besonders reizvolle Kombinationen, wobei innerhalb einer Kombination jede Farbe mit jeder gemischt werden kann. Oben und rechts: die drei Paare Orangerot/Blau, Purpurrot/Grün und Gelb/Violett in sommertypischer Abwandlung. Aus Orangerot wird im Sommer Bordeaux, das sich aufgehellt als Altrosé und abgedunkelt in Schokolodanbraun wandelt. Das komplementäre Blau hat den sommertypischen verwaschenen Graustich. Purpurrot/Grün tritt in blaustichigen Nuancen von hell bis dunkel auf; Gelb/Violett sieht in jeder der gezeigten Sommervarianten vornehm gedämpft aus. Der Rahmen um die Farbenpaare zeigt die passenden, sommertypischen Braun-, Beige- und Grautöne

Die Collagen oben zeigen zwei Möglichkeiten, wie sommertypisch nuancierte Komplementärfarben effektvoll einzusetzen sind: Entweder werden die Farben eines Möbelstücks, das besonders im Blickpunkt stehen soll, in Wand- und Bodenfarbe aufgegriffen (oben links) oder der Komplementärkontrast wird benutzt, um ein Möbel von eher zurückhaltender Farbigkeit besser hervorzuheben. Oben rechts ist es ein silbergraues Sofa, dessen edle Form vor dem zarten Rosa der Wand und auf mintgrünem Teppichboden besonders schön zur Geltung kommt. Links eine ausgesprochen edle Farbkombination, bei der das Violett in einer sehr dunklen Nuance im Sessel auftaucht. Der entstehende Komplementäreffekt wird wirkungsvoll unterstrichen durch den silbergrauen Teppichboden

Herbst: Die schönsten Komplementärkontraste

Wie von der Natur selbst gemischt wirken die Nuancen der Komplementärpaare aus der Herbstpalette (oben und rechts). Das reine Orangerot aus dem Farbkreis erscheint hier in Abwandlungen zwischen Braun und rötlichem Gelb, das Blau tendiert stark ins Petrol. Im Rot-Grün-Bereich wurde das Purpurrot in rost- und lachsrote Nuancen abgewandelt, während die Grüntöne zwischen Tanne und Khaki variieren. Gelb/Violett stehen sich im Herbst als fast olivgrünes Gelb oder helles Senfgelb und als sattes Brombeer oder Blauviolett gegenüber. Beliebige Mischungen auch über Kreuz ergeben immer neue, reizvolle Effekte. Die Rahmen um die Farbenpaare zeigen die passenden Braun-, Beige- und Grautöne

Die Collagen oben zeigen an jeweils einem Beispiel, wie sich nuancierte Komplementärkontraste auch in Herbsträumen effektvoll einsetzen lassen. In allen drei Fällen tauchen die Farben der Wände und Teppichböden im Bezug der Sitzmöbel auf, was die Wirkung nicht nur einer, sondern aller Farben steigert. Links oben: Brauner Boden und taubenblaue Wand – eine Zusammenstellung, die an Erde und Himmel erinnert und deshalb besonders freundlich wirkt. Rot und Grün in den Nuancen Lachsrosa und Oliv kommen im Zusammenklang einer frühlingshaften Farbstimmung sehr nahe. Die dottergelbe Wand und der pflaumenviolette Boden links machen die fast identischen, aber nur sparsam eingesetzten Farben im Sofa erst richtig sichtbar

Winter: Die schönsten Komplementärkontraste

Aus dem Komplementärpaar Orangerot/Blau wird im Winter Hochrot/Blau in betont kalten Nuancen von hell bis dunkel. Purpurrot/Grün verwandelt sich in Pink- und Türkistöne; nur Gelb/Violett behält fast die originale Farbigkeit aus dem Farbkreis und steht sich in zarten wie farbstarken Varianten gegenüber. Wie bei allen anderen Jahreszeiten kann es auch im Winter sehr reizvoll sein, die verschiedenen Hell-Dunkel-Nuancen eines Paares zusammenzustellen (beispielsweise in Mustern). Ausgefallene Effekte lassen sich auch durch Kombinationen mit Nuancen der anderen winterlichen Komplementärpaare erzielen. In den Rahmen um die Farbpaare Braun-, Beige- und Grautöne, die zu allen Farben am besten passen

Winterliche Komplementärnuancen lassen sich ohne weiteres durch Mustermix kombinieren. Nicht unproblematisch ist es dagegen, Wand und Boden im Winterkontrast zu gestalten. Die kompromißlose Härte oder Kälte auch gut nuancierter Winterfarben wirkt leicht streng und ist Geschmackssache. Gelungene Beispiele: In der Collage links oben begegnen sich das komplementäre Eisrosé der Wand und das leuchtende Smaragdgrün des Sofas auf neutralisierendem Silbergrau. Einen starken Effekt ergibt das nachtblaue Sofa auf himbeerrotem Teppich, aber vor einer dämpfenden, silbergrauen Wand. Das schwarze Sofa mit den pink-, türkis und vanillegelben Einsprengseln ist optimal zu dem winterlichen Komplementärkontrast Gelb/Violett

KAPITEL IV

Theorie in die Praxis umgesetzt

Wie sieht eine Frühlings-Küche aus? Ein Sommer-Schlafzimmer? Ein Wohnraum in Herbstfarben? Ein Bad im Winterlook? Die Unterschiede springen ins Auge und bieten sich an als zusätzliche Entscheidungshilfen. Aber: Obwohl grundsätzlich jedes Zimmer in jeder Jahreszeitenstimmung gestaltet werden kann, gibt es doch Präferenzen, je nach Zweck und Bestimmung des Raumes

Welche Jahreszeit für welchen Raum?

Sie wissen jetzt, in welcher Jahreszeitenstimmung Sie sich am wohlsten fühlen. Und Sie wissen, wie man eine interessante Farbstimmung aufbaut: durch sanfte Ton-in-Ton Kombinationen oder mit dekorativen Komplementäreffekten.

Aber: Parallel zur subjektiven Vorliebe für eine Farbstimmung sollte man die Empfehlungen der Farbpsychologie für die Ausgestaltung bestimmter Räume berücksichtigen.

Gelingt das nicht, weil eine Lieblingsfarbe nicht mit der empfohlenen Farbe übereinstimmt, sollte man allerdings den Mut haben, zum persönlichen Geschmack zu stehen. Entscheiden Sie sich für die Farbstimmung, bei der Sie sicher sind, daß Sie sich mit ihr wohlfühlen.

Auf den Seiten 58 bis 97 werden deshalb Wohnzimmer, Schlafzimmer, Küchen und Bäder nicht nur in den Jahreszeitenfarben gezeigt, die aus psychologischer Sicht richtig sind, sondern in allen vier Farbstimmungen. Wer Zweifel hegt über seine wahren Vorlieben, kann sie beim Betrachten der Bilder vielleicht beseitigen und zu einer Entscheidung kommen.

Auf jeden Fall ist die Orientierung an den „objektiven" Farbempfehlungen dann sehr hilfreich, wenn unterschiedliche Farbwünsche von Familienmitgliedern unter einen Hut gebracht werden müssen (mehr darüber auf Seite 54).

„Objektive" Farbempfehlungen für die einzelnen Räume

■ *Flur/Treppenhaus:* Dieser Wohnbereich sollte einen guten Übergang von draußen nach drinnen schaffen und gleichzeitig auf die Atmosphäre der ganzen Wohnung einstimmen. Ideal ist eine Farbgebung, die zwar einladend und freundlich ist, aber nicht unbedingt zum Verweilen anregen muß. Mit entsprechenden Farben kann auf eventuelle Gefahren, die Treppen oder Türschwellen mit sich bringen können, aufmerksam gemacht werden. Rot und Gelb sind hierfür besonders geeignet. Absätze, Stufen, Schwellen können durch farbige Akzentuierung betont werden.

Optimale Jahreszeitenstimmungen: Herbst und Frühling. Rot und Gelb sind hier die Grundfarben. Sie erzeugen das freundlichste und, wenn kräftige Töne verwendet werden, das anregendste Ambiente.

■ *Wohnzimmer:* Allgemeingültige Empfehlungen hinsichtlich der idealen Jahreszeitenstimmung lassen sich hier nicht geben, da die Wünsche und Ansprüche an einen Wohnraum zu unterschiedlich sind. Anhand der Tabelle auf den Seiten 56/57 läßt sich jedoch die individuell beste Lösung finden.

■ *Schlafzimmer:* Der Raum sollte idealerweise eine Farbe haben, die eine Wirkung zwischen Beruhigung und Anregung erzeugt. Diese Voraussetzung erfüllt am besten die Grundfarbe Blau in Kombination mit Rot. Blau senkt in der Regel den Blutdruck und wirkt beruhigend auf Körper und Geist. Für Aufheiterung oder gemütlichen Touch sorgt – je nach Intensität – das komplementäre Rot. Da Rot in intensiven Nuancen sehr aktivierend wirkt, wird es am besten nur in abgeschwächten Varianten wie Apricot oder Rotbraun eingesetzt. Grün setzt die Lärmempfindlichkeit herab. Es bietet sich deshalb für lärmexponierte Schlafzimmer besonders an.

Optimale Jahreszeitenstimmungen: Herbst oder Frühling. Die erdige Gesamtwirkung der Herbstfarben sorgt am besten für Entspannung. Apricot, Rotbraun und Rosttöne ergeben eine wunderschön behagliche Raumstimmung. Sie können ideal mit Herbstblau oder Frühlingsblau kombiniert werden, ohne daß die Stimmung kühl wird.

■ *Eßzimmer:* In einem fröhlichen Ambiente ißt man mit besserem Appetit, während eine triste Raumstimmung erwiesenermaßen die

Magensaftproduktion herabsetzt. Optimal sind deshalb im Eßzimmer heitere, aufmunternde Töne, allen voran Gelb. Es ist die Farbe, die auch den Magen stimuliert, die Kommunikation fördert und bei festlichen Abendessen ein vorteilhaftes Licht von den Wänden zurückstrahlt.

Optimale Jahreszeitenstimmungen: Frühling, Sommer, Herbst. Gelb als Leitfarbe läßt sich in allen drei Jahreszeiten gut einsetzen. In den typischen kräftigen Nuancen des Frühlings oder Herbstes ist die Wirkung am besten. Mit einer Kombination aus Sommergelb und einer anderen passenden Farbe läßt sich eine kühle, vornehme Raumwirkung erzielen. Wenig empfehlenswert ist eine Winterstimmung im Eßzimmer. Die starken Kontraste und die Leuchtkraft der Farben laden kaum zu längerem gemütlichen Sitzen ein.

■ *Kinderzimmer:* Eine bewußte Farbwahl ist gerade bei Kinderzimmern wichtig. Sie soll mehrere Zwecke erfüllen:

– den seelischen Bedürfnissen der Kinder entsprechen
– Reizüberflutung mindern
– die Entwicklung, die Kreativität und die Lernfähigkeit der Kinder fördern

Je nach Alter zeigen Kinder sehr ausgeprägt Vorlieben, die berücksichtigt werden sollten. Bis ungefähr zum neunten Lebensjahr ist Rot die vorherrschende Lieblingsfarbe (bei kleinen Mädchen Purpur oder Rosa). Zwischen neun und elf Jahren kommen oft Vorlieben für Orange, Gelb und schließlich auch Grün hinzu. Grün ist die Farbe, die aus einer Mischung von Gelb und Blau entsteht. Hier deutet sich bereits ein Umbruch an: Das Kind lernt mehr und mehr, seinen Verstand einzusetzen, und dieser Entwicklung hin zur Abstraktion entspricht die Farbe Blau. Sie wird zunehmend etwa ab zwölf bevorzugt.

Die optimale Jahreszeitenstimmung: Allgemeingültige Bestlösungen gibt es für Kinderzimmer nicht. Die Wahl sollte sich an den oben beschriebenen Fakten orientieren. Darüber hinaus gibt es einige wichtige Grundregeln: Es sollte eine klare Farbstimmung durch eindeutige, freundliche Farben vorherrschen, um das Kind nicht zu überreizen und abzulenken. Es empfiehlt sich daher, große Flächen wie Wände und Böden in zurückhaltenden, hellen Nuancen zu gestalten, kleinere Flächen wie Gardinen oder Kissen und Bettzeug hingegen in kräftigeren Tönen. Möbel, Spiel- und Arbeitstische hält man möglichst neutral, am besten in Naturholz. Der Grund: Spielzeug oder Schulbedarf sind meist sehr bunt. Sie können leicht Disharmonien auf zu stark farbigem Untergrund erzeugen, die das Kind nervös machen.

Farbvorlieben des Kindes sollten respektiert werden. Ein Kind drückt durch seine Farbwünsche unbewußt emotionale Bedürfnisse aus. So kann auf bestimmte Wesenszüge mit der entsprechenden Farbwahl positiv eingewirkt werden (siehe auch Tabelle auf Seite 25).

■ *Arbeitszimmer:* Hier kommt es bei der Farbwahl vor allem darauf an, welche Anforderungen die Arbeit stellt: Verlangt sie Konzentration oder eher Anregung und Stimulanz?

Jede Jahreszeitenstimmung hat Vorteile. Winter: In der neutralen, sachlichen Stimmung, die Winterfarben erzeugen, fällt konzentriertes Arbeiten leichter. Sommer. Fördert eine kreative Atmosphäre (gestalterische Aufgaben, Musik) und paßt zu spezifisch femininen Aufgaben aus dem Bereich Mode/Kosmetik. Frühling/Herbst: Geeignet für ein freundliches Arbeitsklima, das gleichzeitig anregend und leistungsfördernd wirkt.

■ *Küche/Bad:* Es kommt darauf an, ob man Küche und Bad eher funktional betrachtet, als Räume, in denen bestimmte Dinge erledigt werden, oder ob man sich eine gemütliche Wohnküche bzw. „Badeinsel" wünscht, wo man gerne verweilt.

Die optimalen Jahreszeitenstimmungen: Winter und Sommer. Ihre frischen, kühlen, blaugrundigen Farben bieten in der Küche ein appetitliches Ambiente für die Zubereitung und Aufbewahrung von Lebensmitteln. Ein Bad in Sommerfarben wirkt sehr „kosmetisch", ein Winter-Bad eher maskulin oder betont hygienisch. Frühling und Herbst. Beide Jahreszeiten sorgen in der Küche wie im Bad für gemütliche Wohnstimmung, in der man gut entspannen kann.

Theorie in die Praxis umgesetzt

Folgende Probleme könnten nun vielleicht auftauchen:
- Unterschiedliche Farbvorlieben der einzelnen Familienmitglieder,
- Farbvorgaben in der Wohnung, die mit Ihren Vorstellungen nicht übereinstimmen,
- Stil und Schnitt der Wohnung passen nicht zu der Farbstimmung, die Sie sich vorstellen,
- Lichtverhältnisse, die Ihre Farben nicht voll zur Geltung kommen lassen.

Wie man einen Konsens findet

Lassen Sie jedes Familienmitglied anhand der Natur- und Wohncollagen in Kapitel 1 und 2 herausfinden, welche Jahreszeitenstimmung ihm am meisten zusagt. Vergleichen Sie die Farbvorlieben aller Beteiligten miteinander. Gibt es große Diskrepanzen, bieten sich folgende Möglichkeiten einer für alle akzeptablen Lösung an:

■ Der demokratische Weg: Jeder darf einen Raum in der Jahreszeit seiner Wahl gestalten. Nachteil: Bei kleinen Wohnungen ist diese Lösung meist nicht durchführbar. Und sie ergibt möglicherweise ein sehr uneinheitliches Farbbild, wenn man die Wohnung als Einheit betrachtet (siehe auch Planungsschema, Kapitel VI, Seite 124).

■ Der systematische Weg: Wird eine Wohnung oder ein Haus farblich völlig neu gestaltet, sollte man sich auf eine Jahreszeit einigen. Derjenige, der Kompromisse machen muß, darf zum Trost aus der vorgegebenen Farbpalette die Töne auswählen, die ihm am meisten liegen. Angenommen, der Partner liebt Frühlingsfarben wie freundliche Gelb- oder Apricottöne, Sie dagegen schwärmen für Sommerfarben. Geht er auf Ihren Wunsch ein, bieten Sie ihm an, daß er sich aus der Sommerpalette seine Lieblingsfarben wählen darf. Das sind dann statt Rapsgelb oder Zitronengelb ein zartes Vanillegelb, statt Apricot ein schönes Altrosé. Wenn die unterschiedlichen Farbvorlieben einzelner Familienmitglieder mit bestimmten Farbvorgaben der Wohnung (Teppiche, Türen, Kacheln) in Übereinstimmung gebracht werden müssen, stellen Sie fest, mit wessen Farbgeschmack diese Vorgaben am ehesten übereinstimmen. Nach dessen Vorstellungen gestalten Sie zumindest die von allen genutzten Räume wie Küche, Bad, Flur und Wohnzimmer. Auch hier dürfen zum Ausgleich Familienmitglieder, die Konzessionen machen müssen, aus der entsprechenden Farbpalette ihre Lieblingsfarben aussuchen.

Innerhalb der eigenen vier Wände sollte jedes Familienmitglied die Freiheit haben, seine persönlichen Farbwünsche zu verwirklichen. Bei aller Eigenwilligkeit empfiehlt es sich aber, auf Unveränderliches Rücksicht zu nehmen.

Wie man vorhandene, aber ungeliebte Farben geschickt integriert

Das Grundprinzip ist hier: Vorhandene Farben mit ähnlich anmutenden zu kombinieren, damit das Unerwünschte weniger auffällt.

Beispiel 1: Sie finden ein Bad mit einer Wanne und Toilette in reinem Weiß vor, dazu Fliesen in kühlen Farben und Armaturen aus Chrom – klare Vorgaben für ein Winterambiente. Eigentlich wünschen Sie sich aber ein

gemütliches Bad in warmer, wohliger Herbststimmung. Was tun? Sie gestalten die größeren Flächen wie Decke und Wände nach dem Gleichheitsprinzip, das heißt: Sie wählen aus der Herbstpalette die kühlsten Töne. Diese Töne passen sich einerseits den kühlen Winterfarben an und lassen sich andererseits perfekt mit den warmen Tönen der Herbstpalette kombinieren. Kühles helles Petrol, Taubenblau oder Russischgrün aus der Herbstpalette können beispielsweise die Grundfarbe für eine Tapete mit einem Muster in warmen Herbstfarben sein. Zusammen mit Handtüchern, Badematten, Badutensilien und Pflanzen in den gleichen warmen Herbstnuancen ergibt sich eine harmonische Synthese.
Beispiel 2: Sie finden sehr ausdrucksvolle, rotgrundige Hölzer bei Türen, Fenstern und Einbaumöbeln. Ihr Einrichtungsstil korrespondiert aber eher mit kühlen, strengen Winterfarben und Formen. Die beste Lösung wäre, alle Hölzer weiß oder der geplanten Einrichtung entsprechend in Winterfarben zu lackieren. Geht das nicht, verfährt man nach dem Prinzip „Vorhandenes mit Ähnlichem ergänzen" diesmal so: Decken und Wände werden nicht reinweiß gestrichen (wie es am besten zur Einrichtung in Winterfarben passen würde), sondern in einem Winterfarbton, der den Grundton des Holzes aufgreift. Das könnte Sandbeige oder ein leicht rötliches Graubeige sein. Möglich sind auch dezente Töne mit kühlem blaurotem Unterton wie Hellgrau mit rotblauem Stich. Läßt es die Raumgröße zu, kann man auch lebhafte Wintertöne aus dem relativ „warmen" Bereich wählen (Rot oder Gelb). Sie übertönen die Holzfarben und lösen so das Problem am leichtesten.

Wie man die gewählten Farben der vorhandenen Lichtstimmung und dem Wohnungsstil anpaßt

Angenommen, die Wohnung ist nach Norden ausgerichtet und eher dunkel. Wäre Blau Ihre Lieblingsfarbe, in der Sie Ihre Wände und Böden gestalten möchten, dann hätten Sie unter diesen Bedingungen wenig Freude daran. Ganz gleich, aus welcher Jahreszeitenpalette Sie Ihr Blau und seine Ergänzungsfarben wählen – die trüben Lichtverhältnisse würden eher noch unterstützt. Gehen Sie einen Kompromiß ein: Wählen Sie für die großen Flächen wie Boden, Wände und Decken einen freundlichen Ton wie Gelb, das ersetzt die fehlende Sonne. Das Blau lassen Sie dann bei Möbeln, Accessoires und Blumen zur Geltung kommen.
Keine Seltenheit: Man findet eine sehr sachlich konzipierte Neubauwohnung vor, liebt aber einen romantischen Einrichtungsstil mit verspielten oder antiken Möbeln. In diesem Fall sind Sommerfarben ideal. Sie passen sich durch ihren kühlen Unterton zwar dem sachlichen Architekturstil an, wirken aber durch den dezenten, pudrigen Schleier gleichzeitig weich und feminin. Durch den geschickten Einsatz solcher Farben kann man (aber auch durch romantische Tapetenmuster oder Bordüren an der Wand) einer nüchternen Neubauwohnung viel von ihrem steifen Charakter nehmen. Auch Wand- und Deckengestaltung in unterschiedlichen Tönen und farbig abgesetzte Tür- und Fensterrahmen bringen das Kunststück fertig, eintönige Flächen zu beleben.
Die Tabelle auf der nächsten Seite listet noch einmal in knapper Form die Empfehlungen der Farbpsychologie für die Ausgestaltung der verschiedenen Räume einer Wohnung auf. Berücksichtigt wird – soweit bekannt – die Wirkung der jeweiligen Farbe, nicht nur auf die Psyche, sondern auch auf einzelne Organe. Wer gesundheitliche Probleme hat, kann sich hier informieren und so unter Umständen vermeiden, daß durch falsche Farbwahl ein bereits vorhandenes Leiden verschlimmert wird.

Die optimale Farbstimmung für jeden Raum

Warme Farben generell Helle Nuancen (Frühling/ Herbst)	*Psychisch:* heiter, leicht, anregend *Optisch:* weiten und beleben Räume. Sehr rötliche Töne kommen auf den Betrachter zu	*Optimal:* für Arbeitszimmer, Eßzimmer, Kinderzimmer *Ganz allgemein:* für Räume mit wenig Sonne
Dunkle Nuancen (beispielsweise Braun, Rost, Ocker, Umbra)	*Psychisch:* beruhigend, gemütlich, ausgleichend *Optisch:* raumverengend, umschließend	*Ganz allgemein:* für Räume, die eine behagliche Atmosphäre haben sollen
Kalte Farben generell Helle Nuancen (Sommer/ Winter)	*Psychisch:* passiv, sauber, klar, frisch *Optisch:* zurücktretend, sehr stark raumweitend	*Optimal:* für Küche, Bad, Arbeitszimmer *Ganz allgemein:* für Räume mit viel Sonneneinstrahlung; für Räume, die sauber und hygienisch wirken sollen oder in denen man sich konzentrieren will. Nur für große, weite, repräsentative Räume geeignet
Dunkle Nuancen	*Psychisch:* sachlich, ernst, vornehm *Optisch:* stark begrenzend, läßt Eindruck von Tiefe entstehen	
Gelb (Alle Jahreszeiten)	*Psychisch:* anregend, heiter, kommunikativ *Optisch:* raumweitend, wenn der Ton hell, vordergründig, wenn er intensiv ist *Organisch:* intensive Gelbtöne wirken positiv auf Magen, Gallenblase, Leber	*Optimal:* für Arbeitszimmer, Eßzimmer, Kinderzimmer *Ganz allgemein:* für Räume mit wenig Sonne oder in denen eine anregende Atmosphäre gewünscht wird
Gelbgrün (Frühling/ Herbst)	*Psychisch:* freundlich, heiter, naturnah *Optisch:* in hellen Tönen raumweitend, in dunklen raumverengend	*Optimal:* für alle Räume, die eine freundliche, gemütliche Wohnstimmung haben sollen
Grün (Alle Jahreszeiten)	*Psychisch:* ausgleichend, beruhigend, entspannend *Optisch:* neutral *Organisch:* positive Wirkung auf Herz und Kreislauf	*Optimal:* für Schlaf- und Arbeitszimmer *Ganz allgemein:* für alle Räume, in denen man ausruhen, entspannen oder sich konzentrieren möchte oder die stark lärmexponiert sind
Blaugrün (Sommer/ Winter)	*Psychisch:* festigend, beruhigend, kühl *Optisch:* raumverengend	*Optimal:* für repräsentative Räume *Ganz allgemein:* für Räume, die stark durch Farbigkeit wirken sollen
Blau (Alle Jahreszeiten)	*Psychisch:* kalt, frisch, elegant, distanziert *Optisch:* raumweitend *Organisch:* intensive Blautöne wirken positiv auf den gesamten Kopfbereich	*Optimal:* für Küche, Bad, Arbeitszimmer *Ganz allgemein:* für Räume, die sauber und hygienisch wirken sollen oder in denen man sich konzentrieren will

Indigoblau (Frühling/ Winter)	*Psychisch:* beruhigend, ernst, distanziert *Optisch:* verkleinert, läßt Eindruck von Tiefe entstehen	*Optimal:* für Arbeitszimmer, Schlafzimmer *Ganz allgemein:* gut für Räume, in denen man Ruhe und Konzentration sucht
Blauviolett (Sommer/ Herbst/Winter)	*Psychisch:* ernst, feierlich *Optisch:* raumverengend	*Optimal:* für elegante Fest- und Repräsentationsräume *Ganz allgemein:* für ausgefallene, elegante, aufwendige Raumgestaltungen
Rotviolett (Alle Jahreszeiten)	*Psychisch:* extravagant, zwiespältig, geheimnisvoll. In zarter Rosanuance: mädchenhaft-feminin, süß verspielt *Optisch:* in dunklen Tönen raumverengend, in hellen raumweitend	*Optimal:* für Festräume, Musikzimmer Jungmädchenzimmer *Ganz allgemein:* für Räume, die feminin wirken sollen
Purpurrot (Sommer/ Winter)	*Psychisch:* ähnlich wie Rotviolett *Optisch:* relativ neutral	*Optimal:* siehe Rotviolett
Hochrot (Frühling/ Herbst/Winter)	*Psychisch:* dynamisch, aktivierend, aggressiv *Optisch:* kommt auf den Betrachter zu. Kann beengend und erdrückend wirken *Organisch:* intensive Rottöne wirken positiv auf Beine, Geschlechtsorgane	*Optimal:* für Partyräume *Ganz allgemein:* für große Zimmer, die wenig Wandfläche zeigen
Orangerot und Gelbrot (Frühling/ Herbst)	*Psychisch:* aufreizend, aktivierend, aggressiv *Optisch:* raumverengend	*Optimal:* für Partyräume
Weiß (Alle Jahreszeiten)	*Psychisch:* hell, klar, leicht *Optisch:* raumweitend	*Optimal:* für alle Räume, in denen keine bestimmte Wirkung erzielt werden soll
Schwarz (Winter)	*Psychisch:* sachlich, ernst, schwer *Optisch:* stark raumverengend	*Optimal:* für Räume, in denen farbige Einrichtungen stark wirken sollen
Grau (Alle Jahreszeiten)	*Psychisch:* passiv, neutral, ausgeglichen *Optisch:* neutral	*Optimal:* für jede Art von Einrichtung, die ein neutrales Umfeld haben soll

Wohnzimmer in Frühlingsfarben

Mediterrane Stimmung (Foto unten) entsteht durch die Leitfarben Terracottabraun (Wände), Cremegelb (Decke) und Steingrau (Kamin, Boden). Akzentfarbe ist ein zartes Lindgrün (Korbmöbel). Die auf den ersten Blick herbstlich anmutende Farbstimmung täuscht: Alle Farben stammen aus der Frühlingspalette und sind wesentlich lichter als ihre satten Pendents aus der Herbstpalette.

Der Raum (Foto rechts) ist in leichten, beschwingten Pastellfarben der ersten Frühlingsblumen gehalten: Heiteres Wasserblau (Polster) erinnert an Vergißmeinnicht, frisches Cremegelb in verschiedenen Intensitäten (Wände, Lampenschirm) an Schlüsselblumen und Raps, ein blasses Apricotrosé (Sofa) an zarte Knospen. Den passenden Hintergrund liefern Wollweiß (Vorhänge, Möbel) und Cremebeige (Boden).

Das Zimmer prangt in kräftigen Frühlingsfarben, die in ihrer Lebhaftigkeit Winterfarben nahekommen (was durchaus der Jahreszeitenfarbtheorie entspricht). Schwefelgelb, Amethystviolett und Mohnrot kontrastieren als Farbtrio wirkungsvoll mit sanften Frühlingstönen wie Wollweiß (Wände, Decke), Steingrau (Vorhänge) und Gelbbeige (Boden).

Eine Kombination von Frühlingsfarben, die im Zusammenspiel leicht herbstlich wirken (wozu zweifellos die hölzerne Wandverkleidung und die schrägen Wände beitragen). Die Wandverkleidung präsentiert sich je nach Beleuchtung in unterschiedlichen Nuancen frühlingstypischer Holztöne. Das Grau des Teppichbodens ist eigentlich etwas zu bläulich für eine Frühlingsstimmung, läßt aber das warme Mohnrot der Tischchen sehr gut zur Geltung kommen (Komplementäreffekt). Schön die Wiederholung von Mohnrot in Kombination mit Lindgrün und Cremegelb (Kissen und Sofabezug).

Das helle, großzügige Mansardenzimmer ist in den Leitfarben Wollweiß (Wände, Decke und Gebälk) und Hellbeige mit einem Touch Lindgrün (Vorhang) gehalten. Zartes Grau (Sofa), das sich im Teppich kombiniert mit Beige wiederholt und zurückhaltende Akzente in Nougatbraun und Gelbbeige (Möbel) ergeben ein elegantes Farbambiente. Wichtig zur Aufheiterung: ein Tupfer Schwefelgelb (Geschirr) und ein farbenfroher Frühlingsstrauß.

Den Frühlings-Charakter bestimmen hier die beiden Farben dunkles Apricotrosé (Schränke) und leuchtendes Schwefelgelb (Sessel). Für den passenden Hinter- und Untergrund in farbschwachen, aber weichen Tönen sorgen Wollweiß (Wände, Decke, Vorhang) und Gelbbeige (Boden). Akzente setzen Königsblau (Vasen), frisches Pflanzengrün und ein Strauß in kräftigen Frühlingstönen.

Wohnzimmer in Sommerfarben

Sparsame Farbgestaltung mit wenigen Sommerfarben betont den kühlen, strengen Einrichtungsstil (Foto unten). Leitfarben sind Rauchgrau (Boden und Sitzmöbel) und Milchweiß (Wände). Wohlbedachte Akzente setzen Lichtblau und Nachtblau (Kissen) und das bläulich-kühle Phloxrot (Bild, Teppichmuster). Perfekt passend: der zarte Seidenglanz fast aller Materialien bis hin zur Zimmerdecke.

Dieser bunt-verspielte Wohnraum wurde in Milchweiß (Wände, Möbel, Boden) und in fröhlich kontrastierendem Phloxrot mit Altrosé (Tapete, Sofabezug) gestaltet. In Verbindung mit Nachtblau und Rauchblau als Akzentfarben (Beistellmöbel, Tapeten und Sofabezug) entsteht ein typisch sommerlicher Farbklang, den selbst die aufwendigen Bilderrahmen in Frühlings- und Herbsttönen nicht ernsthaft stören.

Bestimmende Farben in diesem sommerlich kühlen Atelier-Wohnzimmer sind intensives Mintgrün (Wände), rauchig dunkles Smaragdgrün (Vorhänge), ein tiefes Rauchgrau (Sofa) und Milchweiß (Schrank). Gut ins Sommerambiente paßt der leicht gräuliche Naturholzton des Bodens. Pfiffige Akzente setzen das Rotgold des Tisches und als „Leihgabe" aus der Winterpalette Schwarz (Schrankwand, Stuhl, Accessoires).

Ein Sommerambiente von eher verhaltener Farbigkeit. Leitfarben sind Milchweiß und der sehr helle, gelbliche Naturholzton des Bodens, der eher aus der Frühlingspalette stammt. Die Töne der Akzentfarben Altrosé (Tischdecke), Rosenholz (Stuhl) und Rauchgrau (Geländer, Sessel im Hintergrund) sorgen jedoch für eine verhaltene, kühle Farbstimmung, wie sie für Sommerräume typisch ist.

Ein Raum, der in seiner Farbgestaltung einem Winterambiente nahekommt. Die einheitlich in Milchweiß gehaltene Farbgebung (Wände, Boden, Vorhang, Teppich, Sofa) ist ein dezenter, neutraler Rahmen, in dem ein antiker Schrank in sommertypischen Holztönen effektvoll in Szene gesetzt wird. Ein Touch Altrosé (Muster der Sofadecke und Blumen) und viel natürliches Grün sorgen für belebende Farbakzente.

Kaminfeuer verbreitet immer eine warme, herbstliche Atmosphäre. Trotzdem erhält der Raum durch seine kühlen Leitfarben Kieselbeige (Wände, Boden) und Rauchgrau (Kamin) eine ausgesprochene Sommerstimmung. Akzentuiert wird sie durch Rauchblau und Rubinrot (beides im Muster der Chaiselongue).

Wohnzimmer in Herbstfarben

Das Wohnzimmer (Foto unten) wurde mit den Farben Brombeerviolett (Boden), Blauviolett (Sofa und Vase), Pfirsichrosé (Tapete), Rotbraun (Schrank) gestaltet. Akzentfarbe ist Orangerot (Kissen). Die Kombination sehr kräftiger und auch gegensätzlicher Farben ist gewagt. Da alle jedoch aus der Herbstpalette stammen, bleibt die Wirkung dennoch harmonisch. Einziger Ausrutscher: Die gelbe Decke auf dem Sofa. Der kalte Gelbton kommt aus der Winterpalette.

Das Wohnzimmer (Foto rechts) wird von den Farben Rotbraun (Wände), Pfirsichrosé bzw. Kamelhaar (Decke, Boden), Tannengrün und Olivgrün (Vorhänge, Pflanzen) und Kaffeebraun (Möbel) bestimmt. Der Raum wirkt allein durch das raffinierte Zusammenspiel seiner Farben. Bestimmend für den bestechenden Effekt ist der Komplementärkontrast Rot/Grün – hier in den Nuancierungen Rotbraun/Pfirsichrosé und Tannen-/Olivgrün.

Viel Holz (Boden, Bauernschrank, Deckenbalken) in sattem rötlichgelben Naturton, ein weiches Ecru (Wände) und dazu ein lebhaft kontrastierendes, tiefes Pflaumenviolett sorgen für gemütliche Stimmung in diesem Wohnraum. Dezent-raffinierte Akzente setzen Olivgrün (Holzgestell der Liege, Bezugsstoffe), Blauviolett und Jadegrün (Bezugsstoffe). Daß man auch mit Topfpflanzen die Farbstimmung eines Raumes unterstreichen kann, zeigen die hier ganz bewußt in die Komposition einbezogenen Hortensien in zartem Hellviolett.

Obwohl es hier Überschneidungen (Tannengrün) bzw. Anleihen (Pinkrot) aus der Winterpalette gibt, ist die Gesamtstimmung typisch herbstlich. Leitfarben sind ein intensives Apricotrosé (Wände) und ein kräftiges Tannengrün (Sofa, Teppich). Der warme, rötliche Holzton des Bodens und das typisch herbstliche Dottergelb (Paravent) verbreiten farblich so viel Wärme, daß das kühle Pinkrot (Sessel, Teppich) eine spannungsvolle Ergänzung ist, die den herbstlichen Eindruck nicht stört.

Die Farbstimmung in diesem Raum wirkt auf den ersten Blick frühlingshaft; die Farben stammen jedoch eindeutig aus der Herbstpalette. Tomatenrot (Wände), Ecru (Vorhänge, Türen) und Kieselgrau (Teppich) sind die grundlegenden Farben. Kräftig kontrastierende Akzentfarben sorgen für Lebendigkeit: Pflaumenviolett (Sofa), Kaffeebraun und Goldbeige (Sessel), Taubenblau (Bild) und viel natürliches Pflanzengrün.

Ein Musterbeispiel für perfekte herbstliche Farbkomposition ist dieser Wohnraum im Mexico-Stil, der von Rotbraun (Wände), Rostbraun (Sessel, Sofa) und Kamelhaar (Teppich) bestimmt wird. Ein raffiniertes Gemisch von Akzentfarben verhindert, daß der Raum zu ernst und höhlenartig wirkt: Blau zwischen Taubenblau und Wasserblau (Teppich), Tomatenrot (Lampe) und tiefes Tannengrün (Vorhang, Kaktus).

Wohnzimmer in Winterfarben

Alle leuchtenden Winterfarben sind hier (Foto unten) versammelt und kommen vor dem kühlen Blaugrau der Wände doppelt zur Wirkung: Hochrot, Sonnengelb, Pink, Marineblau, Tannengrün und als Akzentfarbe Azurblau. Harte Schwarzweißkontraste unterstreichen die Farbigkeit zusätzlich. Ein Beweis, daß sich die Liebe zur Farbigkeit auch in Winterräumen ausleben läßt.

Als Gegenstück zu winterlicher Buntheit ein Wohnraum in fein abgestuften Weiß- und Grautönen (Foto rechts). Vor Schneeweiß (Vorhänge, Sofa), Blaugrau (Boden) und Sandbeige (Wand, Decke) setzen wenige Farben klare Akzente: Marineblau und Türkis (Sessel), Tannengrün und Orangerot (Pflanzen).

Marineblau (Teppich, Wand, Polstermöbel) ist die Leitfarbe in diesem kühl gestylten Wohnraum. Flankiert von Graubeige (Einbauschränke), frühlingshaftem Gelbbeige (Boden) und hartem Kontrast durch Schneeweiß (Vorhang) und Schwarz (Möbeldetails, Stuhl) rückt Blau als Blickfang noch stärker in den Mittelpunkt. Kleine Akzente in Hochrot (Beistelltisch, Wolldecke) bewahren das Ensemble vor Monotonie.

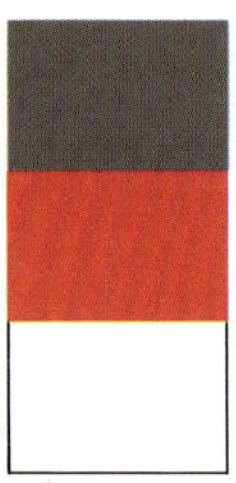

Die geheimnisvolle Atmosphäre einer Schatzhöhle erzeugt das Anthrazit von Wänden und Decke. Vor dem dunklen Hintergrund kommt Hochrot als dominante Zweitfarbe doppelt zur Geltung. Elegante Akzente setzen dekorative, goldfarbene Details. Sie korrespondieren mit dem frühlingshaften Holzton des Dielenbodens. Durch das Schneeweiß der Vorhänge erhält der Raum die nötige Helligkeit.

Vor dem winterlich-neutralen Hintergrund in Schwarz (Boden) und Schneeweiß (Wand) kommt das Potpourri aus knalligen Tönen doppelt zur Geltung. Kornblumenblau, Gelbgrün und Orangerot stammen eigentlich aus der warmen Farbpalette des Frühlings. Ein Beispiel dafür, daß sich die besonders lebhaften Frühlingsfarben in Sonderfällen auch winterlich kombinieren lassen.

Vor winterlichem Schwarzweißkontrast entwickelt sich ein ausbalanciertes Farbenspiel zwischen Marineblau (Vorhänge, Schrank, Kommode) als Grund- und Hochrot als Akzentfarbe (Schrankdetail, Blumen, Tischdekoration). Zweite Akzentfarbe ist Azurblau (Vorhang, Schrankdetail). Vom wintertypischen Holzboden in Sandbeige heben sich die Umrisse der schwarzen Stühle und des schwarzen Tischgestells ab – ein charakteristischer Effekt dieser Jahreszeit.

Schlafzimmer in Frühlingsfarben

Farbkontraste von fast komplementärer Wirkung prägen die Frühlingsstimmung dieses Schlafraumes (Foto unten). Der warme Holzton von Möbeln und Boden wird von dem satten Goldbeige der Wände aufgegriffen. Das farbliche Gegengewicht stellen die Trennwände, die Vorhänge und der Bettbezug in Blaunuancen dar. Einen frühlingshaft-sanften Akzent setzt das Apricotrosé der Kissen und des Bettbezuges.

Fast alle Farben des Raumes (Foto rechts) tauchen im Muster des Bettbezuges noch einmal auf, was eine Farbstimmung von unaufdringlicher Geschlossenheit erzeugt: das Lindgrün der Wände, das Wollweiß der Bank und Tür, das Amethystviolett des Leintuchs und des Lämpchens, das Grün des Margeritenstrauches und die Rosatöne des Blumenarrangements. Das warme Gelbbeige des Parkettbodens rundet die frühlingshaft-sonnige Raumstimmung ab.

Schlafzimmer in Sommerfarben

Ein Sommer-Schlafzimmer mit Karibik-Stimmung (Foto unten). Zu den kühlen Grundfarben Altrosé und Pinkrosé (Wände, Decke) gesellt sich in schönem Komplementärkontrast Smaragdgrün als Akzentfarbe (Bett). Das schneeweiße Moskitonetz und das schokoladenbraune Bild betonen die südlich-heitere Atmosphäre des Raumes.

Milchweiß (Wände) und Kieselbeige (Boden, Bettgestell) sowie Nachtblau und Rauchblau (Bettbezug) sind die Farbtöne, die hier eine perfekte, sehr harmonische Sommerstimmung erzeugen (Foto rechts). Ergänzt wird sie durch eine Prise frischen Pflanzengrüns.

Schlafzimmer in Herbstfarben

Ein fröhlicher Dreiklang aus typischen Herbsttönen bestimmt die Farbwirkung dieses Schlafzimmers (Foto unten): Ecru (Wand), Rotbraun (Boden), das sich auch als Holzton in den Möbeln wiederfindet, und Pflaumenviolett (Bettwäsche). Die Akzentfarbe Orangerot (Lampenschirm) setzt einen perfekten Kontrapunkt zur Farbe der Bettwäsche und paßt gut zu den rötlichen Tönen der Möbel. Spannung bringt ein kühles Taubenblau (Teppich).

Die Farben der Toskana verleihen diesem Schlafzimmer (Foto rechts) seinen südlich-beschwingten Charakter. Leitfarben sind helles Terracottarot (Wände, Boden, Ton-Tisch), tiefes Tannengrün (Bett) und sattes Rotbraun (Bettdecke). Lichte Akzente setzen Maisgelb und Moosgrün im Muster des Vorhangs und der Streifen der Bettwäsche.

Schlafzimmer in Winterfarben

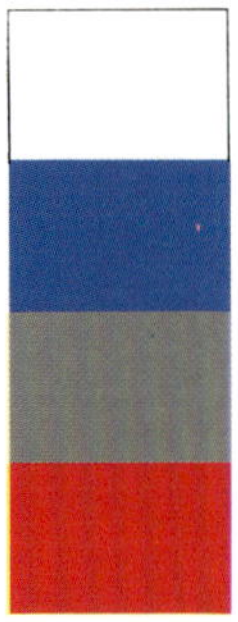

Von den Farben Schneeweiß (Wände) und Rauchgrau (Balken, Bettunterbau) (Foto unten) heben sich fröhlich und bunt die Akzentfarben helles Violettblau (Teppichboden) und Hochrot (Matratze, Kissen) ab. Obwohl ausschließlich Winterfarben versammelt sind, ist die Gesamtstimmung nicht hart, sondern ausgesprochen freundlich.

Eine gelungene Ausnahme von der Regel, daß romantisch-verspieltes Styling nicht zu Winterfarben paßt (Foto rechts): Ein Schlafraum, dessen Farbgestaltung ganz auf Schwarz und Schneeweiß aufgebaut ist. Die Härte des Kontrastes wird abgemildert durch Sandbeige (Wand, Decke, Dielen). Einen kleinen, aber raffinierten Akzent setzt das Nougatbraun der Kissen auf dem Bett.

Küchen in Frühlingsfarben

Ein frisches Grün zwischen Maigrün und Moosgrün (Schrank, Regal) ist die Leitfarbe in dieser originell gestalteten Frühlingsküche. Das kontrastierende Weiß ist für echte Frühlingsstimmung etwas zu kalt – Wollweiß wäre stimmiger. Wichtig als Ergänzungsfarben: Die warmen Naturtöne der Holzschubladen und Korbaccessoires. Die Brücke zwischen Grün und Weiß schlagen die Blumenmuster in Tapete und Geschirr.

Frühlingshaft-freundlich wirkt die Küche in den Farben Blau und Gelb in jeweils mehreren Nuancen. Cremegelb (Wände) und gelbliches Parkett kontrastieren wirkungsvoll zu verschiedenen Blaunuancen von Wasserblau/Taubenblau (Handtücher, Stuhlkissen) über herbstliches Petrolblau (Herdfront) bis dunkles Königsblau (Herdabzug). Akzent im Hintergrund: der Schrank in rötlichgelben Naturholz. Perfekt zu den warmen, weichen Frühlingstönen paßt der Messinghandlauf am Herd.

JACOB & CO'S
Cream Crackers

Küchen in Sommerfarben

Die sommerlich-heitere Stimmung einer Ferienwohnung erhält diese Küche durch die Leitfarben Altrosé (Decke) und Pinkrosé (Wände). Stimmige Ergänzungen sind das leicht gräuliche Hellviolett der Arbeitsplatte, das Schneeweiß von Unterbau und Küchengeräten und das frische Pflanzengrün im Hintergrund.

Perfekt durchdacht ist der Zusammenklang subtiler Farbnuancen bei dieser kühl gestylten Küche. Leitfarbe ist Silbergrau (Boden, Decke, Bodenfliesen), flankiert von Lichtblau, Altrosé, Hellviolett und Chrysanthemengelb (Küchenmöbel, Trennwände). Einen Akzent setzt das natürliche Grün des raffinierten Pflanzenarrangements.

Silbriges Metall und ein Grün zwischen Mint und Smaragd bestimmen die kühle und doch fröhlich-unkonventionelle Stimmung dieser Küche. Schneeweiß (Herd, Kühlschrank, Geschirr), Azurblau (Handtuch) und ein knackiges Sonnengelb (Geschirr), beides aus der Winterpalette, sorgen für poppige Akzente.

Küchen in Herbstfarben

Diese Küche ist eher technisch-schlicht gestaltet (Foto unten). Aber das helle Pfirsichrosé der Wand, das sehr gut mit dem rotbraunen Ton der Hölzer (Möbel, Boden) korrespondiert, erzeugt Gemütlichkeit. Ein Gemisch aus Jadegrün und Olivgrün (Herdplatte, Wandschutz) sorgt für herbsttypische Ergänzung.

Hier bringt eine raffinierte Mischung aus den wärmsten und kühlsten Tönen der Herbstpalette eine ungewöhnliche Farbstimmung zuwege: Leitfarben sind Taubenblau (Wände) und Wasserblau (Stühle) im Verbund mit warmen, rötlichen Holztönen (Tisch, Boden, Arbeitsplatte). Einen pfiffigen Akzent setzen das helle Tannengrün des Schrankes und die ecrufarbigen Kacheln, die in ihrem Muster die Farben des Raumes aufgreifen.

Küchen in Winterfarben

Gleichberechtigt nebeneinander stehen hier die kühlen Winterfarben Marineblau, Tannengrün, Schwarz und Schneeweiß. Kühles Chrom an Stühlen und von Griffen ist ebenso wintertypisch wie der Glanz der Schrankflächen und Fliesen. Eine Küche, die durch das edle sachliche Design betont hygienisch und funktional, aber auch ausgesprochen elegant wirkt. Mit kleinen Farbakzenten in Sonnengelb, Hochrot oder Azurblau ließe sich die strenge Farbstimmung nach Belieben aufheitern.

Das Spiel mit geometrischen Formen wird unterstützt durch die Beschränkung auf Schwarzweißkontraste. Hochrot als Akzentfarbe taucht nur in winzigen Spuren auf (Tomaten, Flaschenverschlüsse), würde aber auch großflächiger durchaus belebend und nicht störend wirken. Eine Küche für Puristen, denen es auch beim Kochen und Essen auf strenge Ästhetik ankommt.

Dominante Akzente in Hochrot und Marineblau in einer überwiegend in Schneeweiß und Schwarz gehaltenen Küche verleihen ihr etwas äußerst Repräsentatives. Der kühle Chromglanz von Spüle und Herd ist wintertypisch und harmoniert hervorragend mit dem leichten Glanz der Schrankoberflächen.

Bäder in Frühlingsfarben

Die Frühlingsfarben Wasserblau, Kieselgrau, Lindgrün, Moosgrün und Schwefelgelb prägen gemeinsam das Farbbild dieses Badezimmers (Foto links). Der Raum zeigt beispielhaft, wie durch phantasievoll verlegte Fliesen auch ohne viel Dekoration eine schöne und eindeutige Farbstimmung erzeugt werden kann. Kleine Akzente in knackigem Dottergelb heitern zusätzlich auf.

Japanisch mutet dieses Badezimmer (Foto rechts) an, das in der Farbgebung bewußt zurückhaltend gestaltet wurde, aber trotzdem höchst lebendig wirkt. Bestimmt wird der Raum von dem hellen, gelbgrundigen Ton des Holzes, von Lindgrün (Tapete) und Wollweiß (Japanwände, Wanne, Waschbecken). Für Nuancierung und Akzentuierung sorgen Schwefelgelb (Handtücher), viel Pflanzengrün und die Bildtapete, die alle Farben des Raumes auf subtile Weise vereinigt.

Bäder in Sommerfarben

Freundlich und frisch, aber trotz seiner kühlen Pastelltöne nicht kalt wirkt dieses Badezimmer in lieblichen Sommernuancen. Bestimmende Farben sind zart blasses Fliederviolett (Wände, Boden) und Milchweiß (Sanitärobjekte, Dusche, Schränkchen, Decke). Kühles Mintgrün (Detail am Schrank) und weiches Vanillegelb bringen Farbe ins Bild.

Cool und elegant wirkt dieses Badezimmer in kühlem Smaragdgrün (Fliesen) und hygienischem Schneeweiß (Decke, Sanitärobjekte, Dusche, Handtücher). Ein Hauch Chrysanthemengelb in der Spiegeleinfassung kontrastiert vornehm zur Kühle der großen Spiegelfläche.

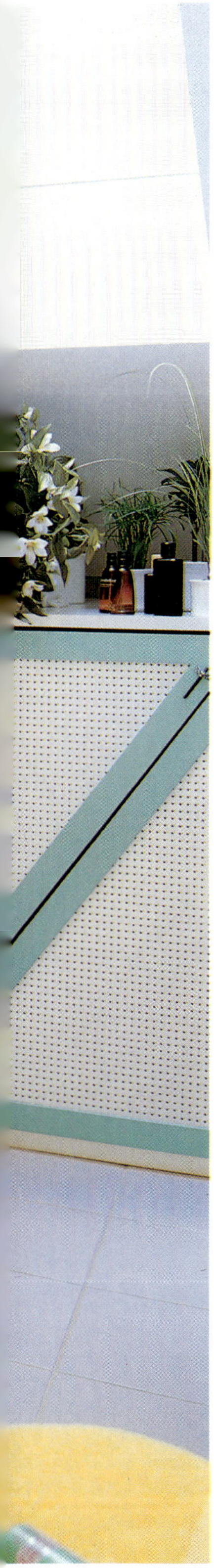

Bäder in Herbstfarben

Eine kühne Kombination stark kontrastierender Herbstfarben verwandelt ein ganz normales Badezimmer in ein barock-oppulentes Schönheitskabinett (Foto links). Die Farben sind helles Tannengrün (Kacheln) und ein Taubenblau, das stark zum frühlingshaften Himmelblau tendiert (Kommode, Handtuch). Raffiniert ist der in unterschiedlichen Tönen von Tannen- und Olivgrün changierende Wandanstrich und dazu ein Touch reines Olivgrün (Kleidungsstück). Den barocken Akzent setzt das ausdrucksvolle Rotgold von Spiegelrahmen, Leuchter und Kommodenaufsatz.

Rotbraun (Marmorwand) und elegantes Ecru (Wanne, Marmor von Boden und Wanneneinfassung) sind die Farben dieses exklusiven Badetempels. Akzente in eigentlich winterlichem Anthrazit (Wand, Boden) passen sich, da sie nur spärlich eingesetzt sind, der herbstlich-warmen Farbstimmung gut an: Sie verleihen den weichen Tönen Kontur und betonen den antiken luxuriösen Stil des Bades.

Bäder in Winterfarben

Winterstimmung im Badezimmer: Schwarz und Schneeweiß (Kacheln und Decke) beherrschen als typischer Winterkontrast die Szene. Hochrot (Handtücher) setzt belebende Akzente, Pflanzengrün und Blumendekoration verhindern, daß die Atmosphäre gar zu cool wird. Auch das Waffelmuster der gefliesten Schmuckleisten und der interessant gestylte Waschtisch machen den Raum trotz sparsamster Farbgestaltung sehr lebendig.

Schwarz und Schneeweiß sind auch hier die wesentlichen Farben, von denen sich das Blaugrau der Bodenfliesen nur dezent abhebt. Die strenge Farbreduktion wird ausgeglichen durch die verspielten Formen von Wanne, Tisch, Vorleger und Dekorationsstücken. Frische Blumen setzen einen nicht unwichtigen Akzent und sorgen für noch mehr Lebendigkeit.

Blaugrau (Boden- und Wandfliesen) und Schneeweiß (Decke, Waschbecken, Wanne) bilden den schlichten Farbhintergrund für lebhafte Akzentfarben wie Sonnengelb, Pink, Azurblau (Kommode, Handtücher, Vase) und eine Winzigkeit Lagunengrün (Handtuch). Ein schönes Beispiel dafür, wie sich ein hygienisch-kühles Ambiente aufpeppen läßt, ohne daß die Farbstimmung kippt.

KAPITEL V

Zusatzeffekte: Licht, Raumwirkung, Farbnuancierung

Licht verändert die Farben je nach Sonnenstand oder Lampenspektrum. Farben wiederum können Räume größer oder kleiner, höher oder niedriger erscheinen lassen. Einige Spritzer Rot oder Blau in der Wandfarbe kann darüber entscheiden, ob ein ganzes Farbkonzept stimmt oder nicht

Licht verändert die Farben

Kein Möbel, kein Gegenstand – sei es ein Schrank, eine Lampe oder auch nur ein Buch – zeigt uns seine Farbe oder Form in einer ebenmäßig flächigen Erscheinung. Das Licht gibt den Dingen Konturen, läßt sie plastisch und lebendig aussehen. Es verrät uns die strukturelle Beschaffenheit eines Materials und läßt uns seine Farben in vielfältigsten Nuancen erleben.

Licht und Schatten, hell und dunkel, Formen und Strukturen vermitteln durch richtig gesetzte Lichteffekte das Gefühl einer abwechslungsreichen Umgebung. In Räumen dagegen, die von allen Seiten gleichmäßig ausgeleuchtet sind, haben wir Schwierigkeiten, uns sicher zu bewegen. Kein Schatten verrät eine Schwelle oder eine scharfe Kante, keine Form oder Struktur tritt hier deutlich hervor. (Ganz abgesehen davon, daß ein Übermaß an Kunstlicht bei längerem Aufenthalt zu Mißbehagen, Unwohlsein, Störungen der Stoffwechselfunktion und schließlich zu Gesundheitsschäden führen kann.)

Farben sehen in jedem Licht anders aus

Aber nicht nur der menschliche Organismus wird von der Beleuchtung eines Raumes beeinflußt. Wer je einen farbigen Gegenstand oder ein Kleidungsstück bei Kunstlicht gekauft hat, weiß, daß die Farbe bei Tageslicht oft ganz anders aussieht. Wann immer es speziell auf die Farbe ankommt, versuchen wir deshalb fast automatisch, uns bei Tageslicht einen authentischen Eindruck zu verschaffen.

So sinnvoll das bei Kleidungsstücken sein mag, so wenig reicht es doch aus, wenn es darum geht, die Farbwirkung von Möbeln, Vorhängen, Teppichen und anderen Einrichtungsgegenständen zu beurteilen. Denn sie haben in der Wohnung einen festen Platz (oder sollen ihn doch bekommen). An diesem Platz aber herrschen ganz spezifische Lichtverhältnisse – natürliche oder künstliche.

Vor dem Kauf testen, wie die Farbe zu Hause wirkt

Folgendes sollten Sie dabei beachten:

Versuchen Sie immer, ein Farbmuster – einen Stoff, einen Anstrich, ein Stück Holz für Böden und Möbel oder ein Teppichbodenmuster – nicht nur bei Tageslicht vor dem Geschäft zu begutachten, sondern auch unter den Lichtverhältnissen in der Wohnung.

Tun Sie das am Morgen, am Mittag und am Nachmittag und möglichst auch bei trübem und sonnigem Wetter. Dabei genügt es nicht, daß Sie ans Fenster gehen. Der Stoff, Teppich oder Anstrich sollte an der Stelle auf seine Wirkung hin überprüft werden, wo er später seinen Platz erhält. Einen Gardinenstoff also nicht nur waagerecht unter volles Licht halten, sondern senkrecht dort plazieren, wo die Gardine später hängen soll. (Gute Fachgeschäfte leihen Stoffmuster aus.) Ein Muster für einen Wandanstrich direkt am Fenster, aber auch in dunklen Ecken betrachten.

Da sich Farben unter verschiedenen künstlichen Lichtquellen ganz spezifisch verändern, sollten Sie das ins Auge gefaßte Möbel oder Deko-Stück möglichst auch abends bei entsprechendem Lampenlicht testen (Details dazu in der Tabelle auf Seite 102). Es passiert sonst leicht, daß sich beispielsweise ein schöner, blauer Teppich samt sorgfältig darauf abgestimmtem Ensemble von bläulichen Möbeln und Accessoires in eine nichtssagende Ansammlung mausgrauer Gegenstände verwandelt, die von Ihrem Farbkonzept kaum noch etwas ahnen läßt.

Lichtwirkung läßt sich planen

Die Spektralfarben des Sonnenlichts werden im Regenbogen sichtbar: Rot, Orange, Gelb, Grün, Blau und Violett. Aber – was uns selten bewußt ist – im Laufe des Tages ändert sich diese Farbzusammensetzung. So überwiegen am Morgen die blauen UV-Strahlen und steigern sich bis zum Mittag zu höchster Intensität. Gegen abend nehmen die roten Lichtstrahlen immer mehr zu.

Bei natürlichen Lichtverhältnissen folgendes beachten:

- In Räumen, die vom Morgen bis zum Nachmittag vom Licht durchflutet werden, wirken Farben sehr intensiv.
- Zimmer mit Abendsonne lassen die Farben in sanftem, weichem Licht erscheinen, das besonders die rötlichen und gelblichen Töne belebt.
- Zimmer mit Nordfenstern haben nie direkten Lichteinfall und verändern die Farben am wenigsten.

Auch abends, bei Kunstlicht, sollte man versuchen, möglichst die natürlichen Lichtverhältnisse nachzuahmen, um auch die gewählte Jahreszeitenstimmung optimal zur Geltung zu bringen. Vorweg die wichtigsten Regeln für das richtige Beleuchten:

- *Räume nicht gleichmäßig hell ausleuchten.* Der Raum verliert sonst seine Konturen, wirkt langweilig und bereits nach kurzer Zeit ermüdend, weil Kontraste und Spannung fehlen. Richtig: Durch unterschiedliche Beleuchtungsquellen Lichtinseln schaffen. Das Nebeneinander von Helligkeit und Zonen der Dunkelheit weckt Assoziationen mit den Verhältnissen in der Natur. Lichtinseln entstehen zum Beispiel dadurch, daß man Arbeitsplätze, Leseecken und andere Stellen, an denen viel Licht gebraucht wird, ausleuchtet und den übrigen Raum in gedämpfter Lichtstimmung beläßt.
- *Licht, das nur senkrecht einfällt, vermeiden.* Licht senkrecht von oben gibt es unter natürlichen Bedingungen nicht. Selbst beim höchsten Stand der Sonne fällt es immer schräg ein und wird millionenfach abgelenkt und reflektiert. Richtig: Eine Lichtquelle an der Decke durch zusätzliche Beleuchtung von der Seite (oder den Seiten) ergänzen.
- *Die unterschiedlichen Lichtspektren von Glühlampen, Leuchtstoffröhren etc. bedenken.* Künstliche Lichtquellen haben nie ein so ausgewogenes Spektrum wie das natürliche Sonnenlicht. Dies ist der wesentliche Grund dafür, daß Farben unter Kunstlicht anders wirken als unter Tageslicht.

Das optimale Kunstlicht für die verschiedenen Jahreszeitenstimmungen

Wie sich Farben unter verschiedenen künstlichen Lichtquellen verändern können, führt die nachfolgende Tabelle auf. Als Faustregel gilt: Warmes Licht bringt warme Farben zum Leuchten, kalte Farben werden gedämpft oder wirken gräulich. Kaltes Licht intensiviert kalte Farben und schwächt die warmen ab.

Daraus ergibt sich für die Jahreszeitenstimmungen:

- Frühling und Herbst: Optimal sind Glühlampen der herkömmlichen Art und eventuell „Warmton"-Leuchtstoffröhren für Küche, Bad oder Arbeitsräume. Halogenlampen sollten gedimmt werden, weil sie nur so einen warmen Ton erzeugen, der Frühlings- und Herbstfarben am Abend eine sanfte Leuchtkraft gibt. Sehr schön als zusätzlicher Effekt: Kerzen und Kaminfeuer.
- Sommer und Winter: Ungedimmtes Halogenlicht, Spots und – für Küche, Bad oder Arbeitszimmer – auch kühles Leuchtstoffröhrenlicht steigern die Wirkung der bläulichen Farben. Da dieses Licht zwar die Farbintensität steigert, am Abend aber keine gemütliche Wohnstimmung verbreitet, sollten Sie mit gezielt gerichteten Spots oder Punktlicht arbeiten. Leuchten Sie den Raum mit Glühlampen oder gedimmtem Halogenlicht gemütlich aus, und setzen Sie mit Spots oder Punktlicht auf Möbel oder Teppiche Lichtakzente. Die kleine, ausgeleuchtete Fläche reicht unserer Phantasie, um die ganze Farbigkeit des Gegenstandes zu rekonstruieren.

WIE KUNSTLICHT FARBEN VERÄNDERT

Farbe bei Tageslicht		Farbe bei warmem Licht	Farbe bei kaltem Licht
Gelb	pastell	wird wärmer und sehr blaß	wird sehr schwach und gräulich
	intensiv	wird wärmer, sanfter	wird heller und gräulich
Gelbgrün	pastell	wirkt fast zartgelb, sehr blaß	wird grünlicher, verblaßt
	intensiv	wird gelblicher und heller	verliert gelblichen Unterton
Grün	pastell	wird zum zarten Gelbgrün	wird bläulicher, schwächer
	intensiv	wird wärmer und schwächer	wirkt blaugrün
Blaugrün	pastell	wird grünlicher, blasser	wird bläulicher, intensiver
	intensiv	wird grünlicher, schwächer	wird bläulicher, kräftiger
Blau	pastell	wird gräulich, kann leicht grünlich werden	wird farbintensiver
	intensiv	wird gräulich, verliert Farbigkeit	wird strahlender, kühler
Indigoblau	pastell	wird gräulich und sehr schwach	wird kühler, kräftiger
	intensiv	wird gräulich, verliert an Farbkraft	wird kühler, intensiver
Blauviolett	pastell	wird sehr blaß, weißlich	wird bläulicher, kräftiger
	intensiv	wird gräulich, schwächer	wird bläulicher, strahlender
Rotviolett	pastell	wird wärmer, bekommt einen bräunlichen Stich	wird bläulicher, intensiver
	intensiv	wird wärmer, rötlich bis bräunlich	wird bläulicher, strahlender
Purpurrot	pastell	wird wärmer, rosig-gelblich	wird klarer, erscheint rotviolett
	intensiv	wird wärmer, gelblicher	wird kühler, bläulicher
Hochrot	pastell	wird wärmer, erscheint lachsrosé	wird bläulicher, wirkt wie kühles Blaurosé
	intensiv	wird wärmer, erscheint gelbrot	wird kühler, tendiert zum Blaurot
Orangerot/	pastell	wird gelblicher, intensiver	wird gräulich, kühler
Gelbrot	intensiv	wird sehr leuchtend	wird stumpf, schwächer

Räume größer oder kleiner machen

Unser Raumgefühl orientiert sich unbewußt an der Natur. Wir sind gewohnt, den meist hellen Himmel über uns und auf dem Boden die dunkleren Farben von Sand, Steinen, Erde, Moos oder Gras zu sehen. In Räumen, die nach dieser, von der Natur vorgegebenen farblichen Gliederung gestaltet sind, fühlen wir uns instinktiv wohl. Wenn man diese Aufteilung von hell und dunkel und die optische Wirkung der Farben berücksichtigt, können architektonische Mängel oder unschöne Raumproportionen geschickt ausgeglichen werden.

Die richtige Farbe für Decken, Wände und Böden

Um sie herauszufinden müssen Sie bedenken:

- Dunkle Farben lassen Räume kleiner, Decken niedriger wirken.
- Helle Farben weiten; Räume wirken größer, Decken erscheinen höher.
- Die Kälte von Blautönen läßt den Eindruck von Weite entstehen. Wände oder Decke treten optisch zurück.
- Warme Farben mit deutlichem Rotanteil haben den gegenteiligen Effekt. Sie kommen uns entgegen, in starken Nuancen scheinen sie uns fast anzuspringen.
- Warme Gelbnuancen sind weniger aggressiv als Rot. Die dunkleren Töne kommen uns entgegen, die hellen wirken raumweitend.

Auch Muster verändern die Raumwirkung

Ausdrucksvoll gemusterte Tapeten oder Vorhänge, Bordüren an den Wänden oder in unterschiedlichen Farben ausgelegte Böden können unschöne Raumproportionen positiv verändern. Der raumverändernde Effekt fällt um so stärker aus, je farbintensiver und größer die Muster sind.

Grundsätzlich gilt:

- Eine großgemusterte Tapete – zumal wenn sie in rötlichen Tönen gehalten ist – kann einen Raum optisch verkürzen.
- Breite Streifen am Boden, die auf die Stirnseite zulaufen, verlängern optisch zu kurze Flure oder Zimmer.
- Querstreifen an den Wänden lassen Räume breiter aber auch niedriger erscheinen. Längsstreifen betonen die Höhe und strecken.
- Kleine Muster erwecken den Eindruck von Weite und Großzügigkeit.

Mit Farben geschickt kaschieren

Schräge Wände, auf Putz liegende Leitungen, unschöne Ecken und Winkel: Auch solche Schönheitsfehler lassen sich (fast) unsichtbar machen. Meist richten wir den Blick zunächst auf den Boden, wenn wir einen Raum betreten, und erst dann schauen wir auf die Wände bis etwa in Augenhöhe; als letztes gerät die Decke ins Blickfeld. Diesen Ablauf des Wahrnehmens kann man durch geschickten Einsatz von Farben so beeinflussen, daß Mängel buchstäblich übersehen werden.

Beispiele:

- Farbige Zierleisten in Augenhöhe halten den Blick fest und lassen ihn gar nicht erst an der Wand weiter nach oben wandern.
- Eine Decke mit Leitungen, die auf Putz liegen, in dunklen, dezenten Tönen streichen. Auf dunklem Grund werfen die Leitungen nur wenig Schatten – die unliebsamen Kabel verschwinden durch diese Farbgebung förmlich in der Decke.
- Bei kleinen, verwinkelten Wohnungen eine einheitliche Farbe für den Boden aller Räume wählen, also zum Beispiel Blau vom Teppich im Wohnzimmer bis zu den Fliesen im Bad oder der Küche. Werden lediglich die Wände in leicht unterschiedlichen Farben abgetönt, dann wirkt die Wohnung abwechslungsreich und trotzdem großzügig.

WIE KRÄFTIGE FARBEN RÄUME OPTISCH VERÄNDERN

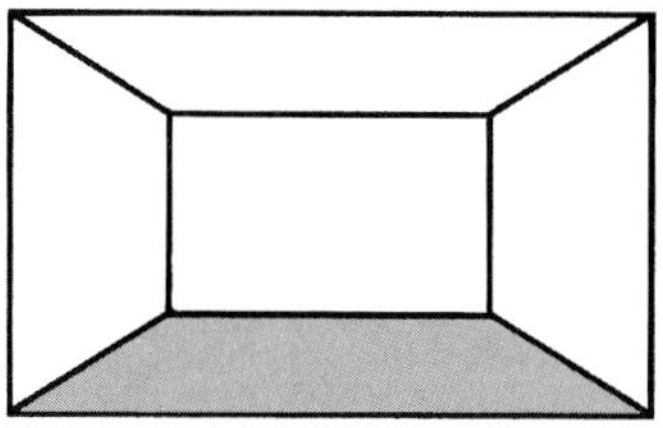

Farbiger Fußboden: weitet den Raum nach den Seiten und nach oben. Gibt Möbeln optisch Stand, wirkt trittsicher.

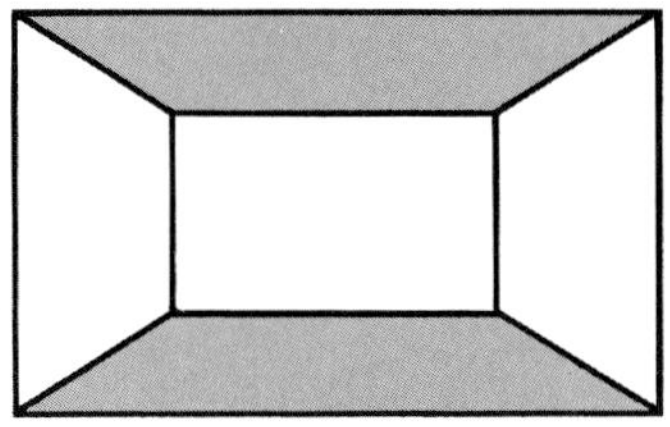

Fußboden und Decke farbig: Der Raum wirkt niedriger und weiter. Die Grundfläche erscheint größer.

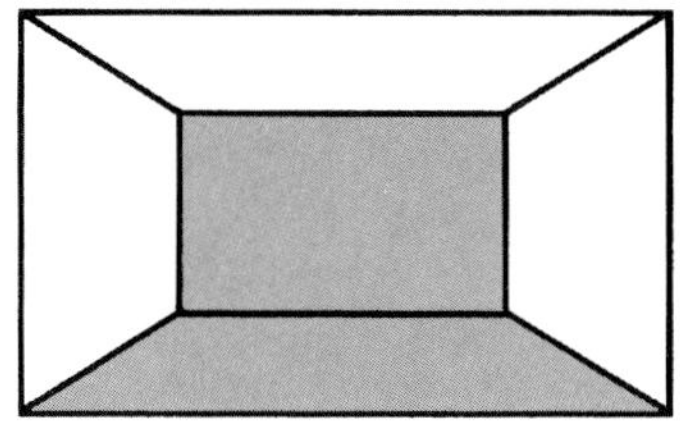

Fußboden und Rückwand farbig: Der Boden wird noch stärker betont; der Raum weitet sich nach den Seiten.

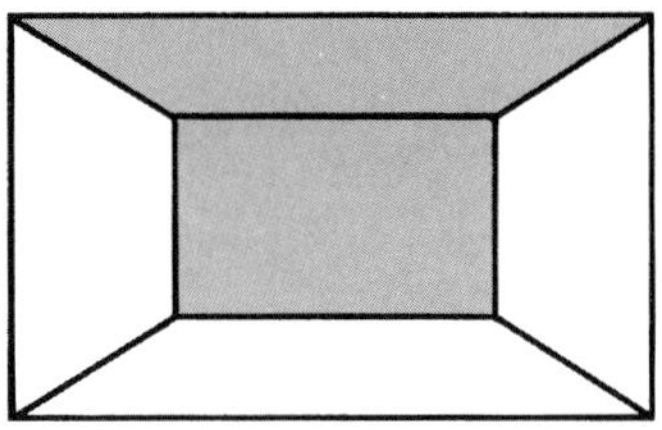

Rückwand und Decke farbig: Der Raum wird optisch verkürzt, erscheint aber nach den Seiten weiter.

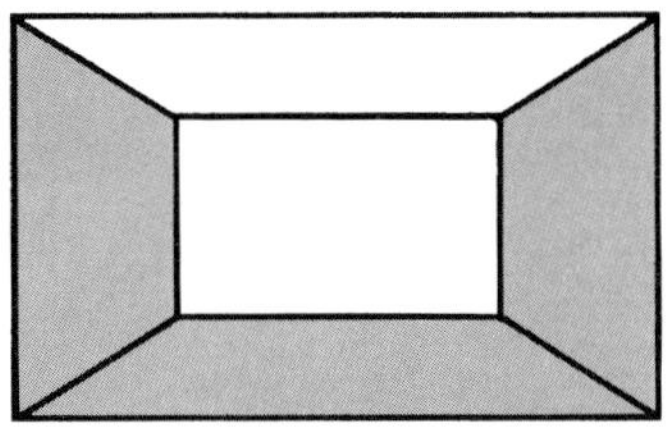

Boden und Seitenwände farbig: Der Boden verbindet beide Wände und zieht sie stark zusammen. Der Raum weitet sich in Richtung der „neutralen" Wand.

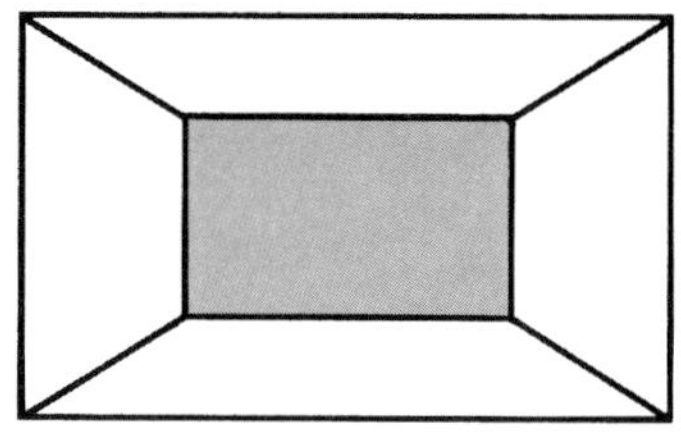

Farbige Rückwand: vermittelt den Eindruck von Rückhalt und stellt einen guten Hintergrund für Möbel dar, die besonders zur Geltung kommen sollen.

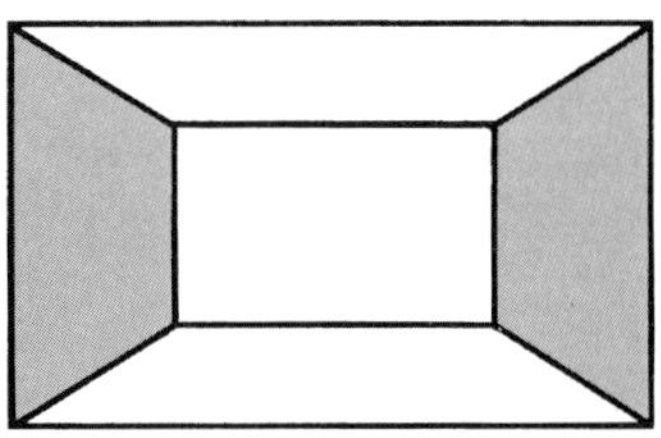

Seitenwände farbig: Der Raum wirkt schmaler; zur Rückwand, zum Boden und zur Decke hin weitet er sich.

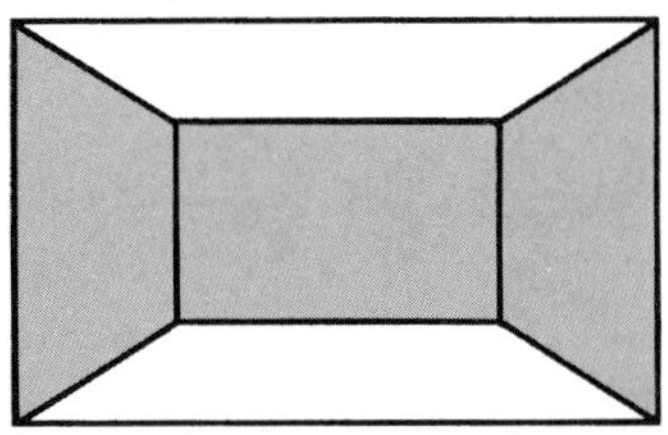

Rückwand und Seitenwände farbig: Der Raum wirkt geschlossen. Er weitet sich nach oben und nach unten.

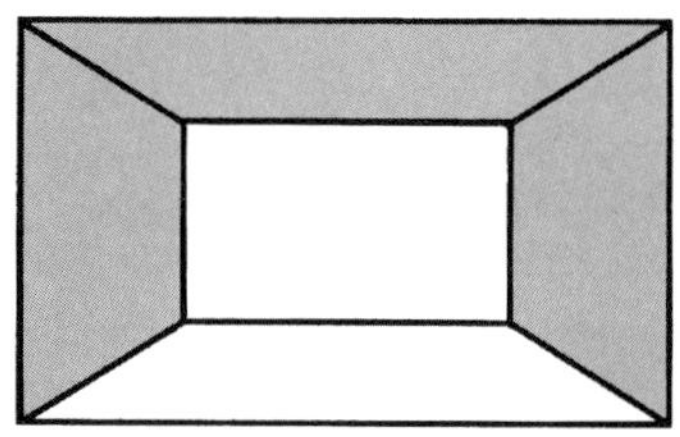

Decke und Seitenwände farbig: Der Raum weitet sich in Richtung Rückwand. Der helle Boden gibt optisch wenig Halt.

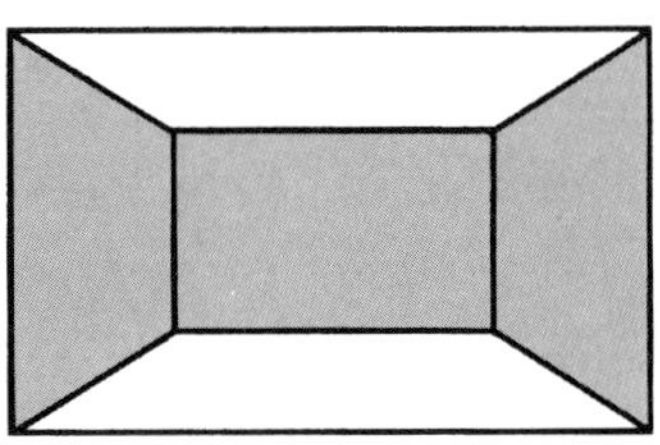

Rückwand und Seitenwände farbig: Der Raum wirkt geschlossen. Durch die hellen Flächen wirkt er höher.

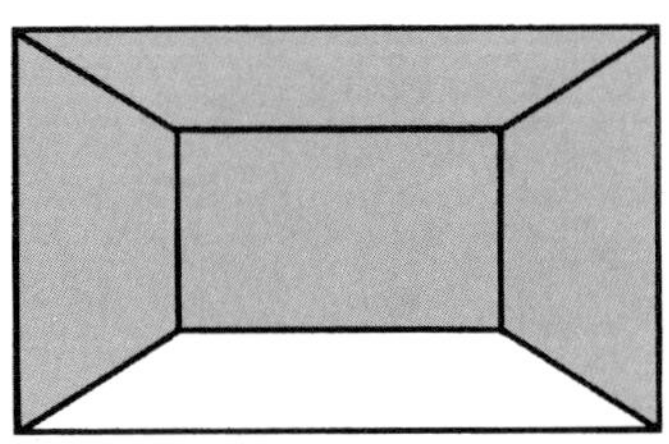

Decke, Rückwand und Seitenwände farbig: verkleinert. Der Raum wirkt eng und beinahe höhlenartig.

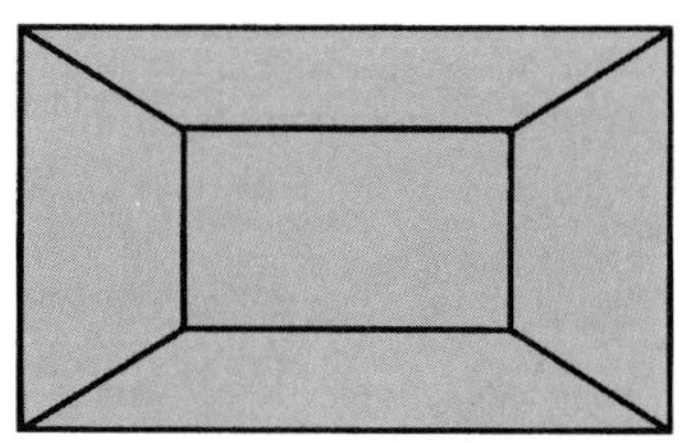

Decke, Boden und alle Wände farbig: Der Raum wirkt wie eine geschlossene Schachtel; sehr beengend.

WIE DOMINANTE FARBEN AM BODEN WIRKEN

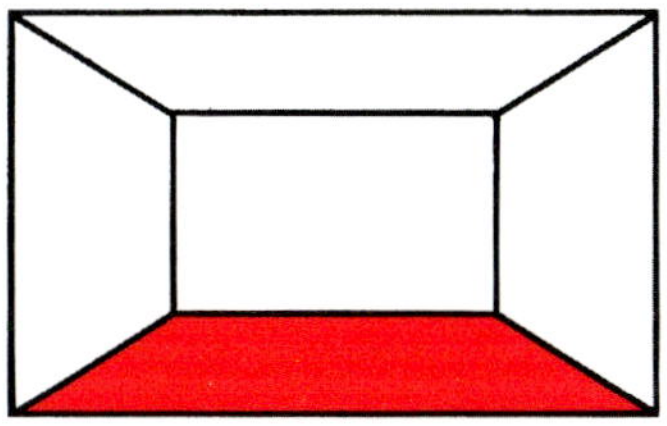

Rot und alle rötlichen Töne: betonen sehr stark die Horizontale. Der Boden kommt dem Betrachter förmlich entgegen.

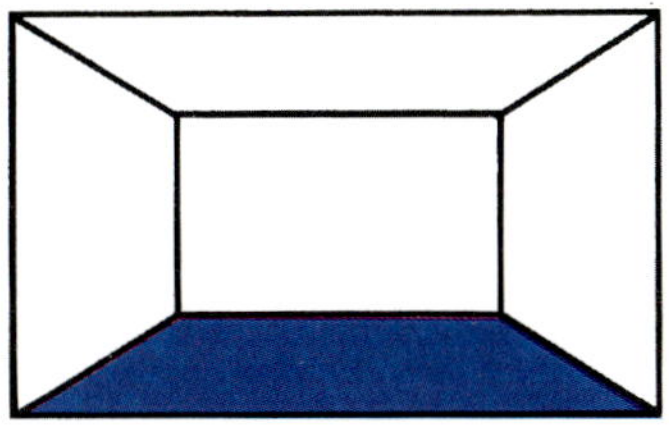

Blau und alle bläulichen Töne: Sie regen nicht zum Verweilen an. Der Raum wirkt weit und großzügig.

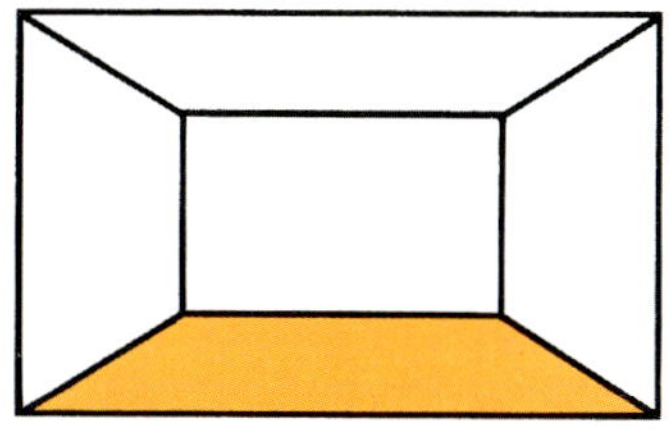

Gelb und alle gelblichen Töne: machen den Raum sonnig und heiter. Die Helligkeit der Farbe wirkt nicht sehr trittsicher.

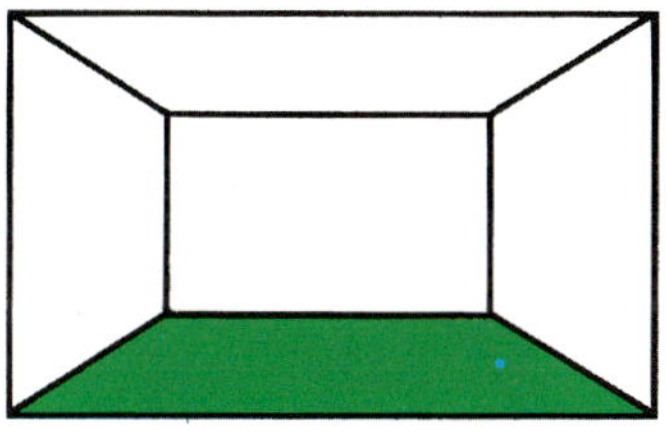

Grün und alle grünlichen Töne: Machen Räume freundlich. Die Assoziation mit grünen Wiesen sorgt für ein sicheres Gehgefühl.

WIE MUSTER DIE RAUMOPTIK VERÄNDERN

Große Muster: hier an der Rückwand, verkleinern und verkürzen einen Raum und ziehen die Aufmerksamkeit auf sich.

Kleine Muster: weiten und vergrößern Räume, vor allem, wenn sie in hellen Tönen gehalten sind.

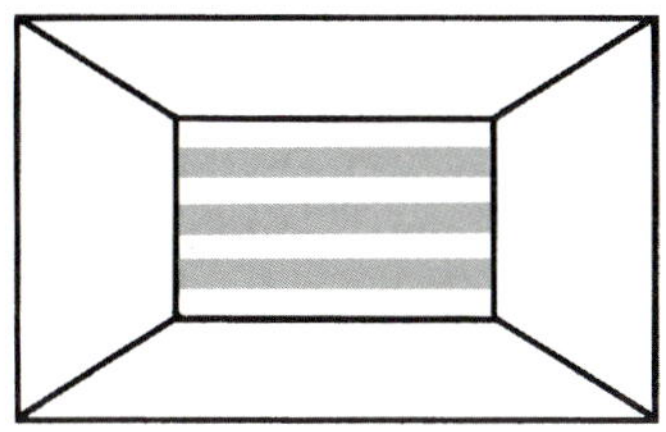

Querstreifen: verbreitern die Wände und lassen den Raum niedriger wirken. An der Rückwand verkürzen sie den Raum.

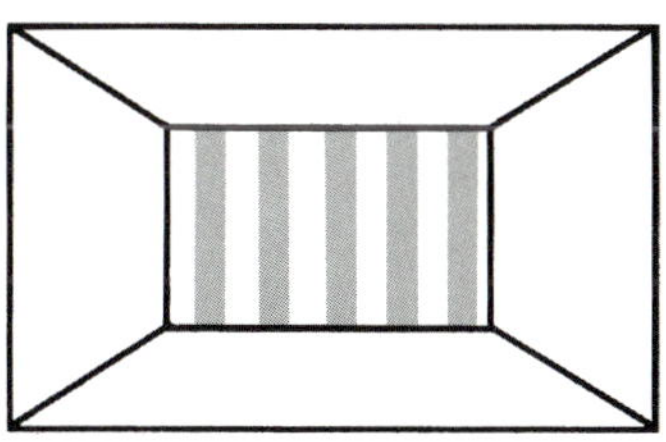

Längsstreifen: verlängern eine Wand, der Raum wirkt dadurch höher. Je breiter die Streifen, desto stärker der Effekt.

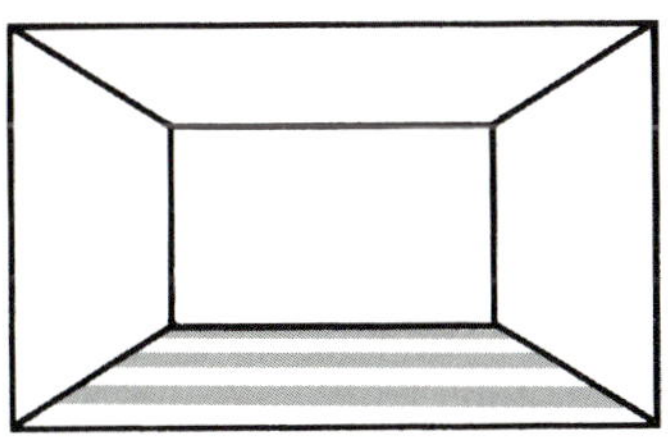

Querstreifen auf dem Boden: lassen den Raum optisch breiter und gleichzeitig kürzer wirken.

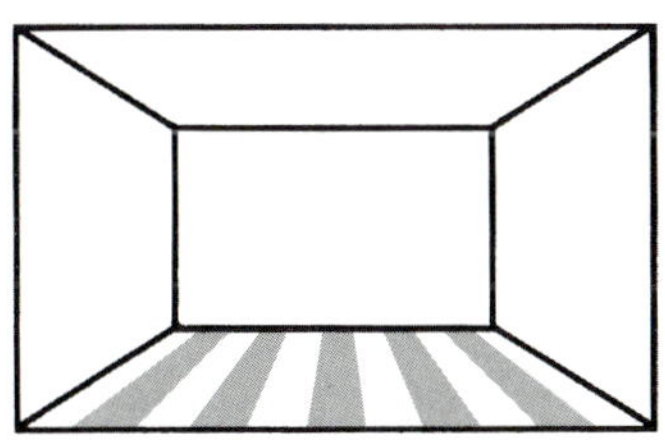

Längsstreifen auf dem Boden: verlängern und strecken einen Raum um so mehr, je breiter und farbkräftiger sie sind.

Streichen: Den richtigen Farbton treffen

Ein falsch gewählter Farbton an den Wänden zerstört jedes Farbkonzept, und nachträgliches Kaschieren mit Stoffen und Accessoires ist nur selten erfolgreich. Wandfarben mit besonderer Sorgfalt zu wählen, ist deshalb äußerst wichtig.

Fertigfarbe kaufen oder Farbe selber mischen?

Die erste Möglichkeit ist die wesentlich einfachere und bequemere, außerdem ist die Auswahl an Fertigfarben wirklich eindrucksvoll. Das gilt für Wandfarben wie für Lacke.
Treffen Sie Ihre Wahl aber nicht nur anhand winziger Farbmuster auf den sogenannten Farbfächern oder Farbtonkarten. Wichtig ist, daß Sie auch größere Farbmuster zu sehen bekommen, die nicht gedruckt, sondern mit Originalfarbe bestrichen sind. Die Muster sollten Sie mit nach Hause nehmen können. Hängen Sie sie überall dort an die Wand, wo Sie die Farbe vorgesehen haben. Halten Sie das Farbmuster auch direkt ans Fenster, in eine dunkle Ecke und an die Decke. Und tun Sie dies möglichst auch bei wechselnden Lichtverhältnissen. Erst wenn Sie sicher sind, den richtigen Farbton gewählt zu haben, kaufen Sie größere Mengen Farbe. Noch besser ist es, Sie können eine kleine Menge Ihrer Wunschfarbe erwerben und zu Hause selbst einen Probeanstrich direkt an der Wand machen. Das ist besonders wichtig, wenn der Farbton sehr dominant ist oder wenn die Wohnung einheitlich in einer Farbe gestrichen werden soll. Da Wandfarben beim Trocknen etwas heller (Lacke etwas dunkler) werden, sollten Sie darauf achten, daß der Probeanstrich gut durchgetrocknet ist, bevor Sie ihn beurteilen. Je größer die Fläche des Probeanstrichs ist desto besser, denn manchmal können Farben, die in kleinen Mustern schwach und dezent wirken, in großen Flächen eine überraschende Intensität entwickeln.
Einen Probeanstrich wird Ihnen jeder Maler machen. Von ihm als Fachmann können Sie auch verlangen, daß er Ihnen eine Fertigfarbe so abstimmt, wie Sie es wünschen, oder daß er Ihnen Ihre Wunschfarbe mischt, wenn diese im Laden nicht erhältlich ist. Er braucht dazu allerdings genaue Angaben, und Sie sollten beim Mischen unbedingt dabei sein, um seine Bemühungen steuern zu können.
Was ein Maler kann, können Sie allerdings auch, sobald Sie sich mit dem Einmaleins des Farbenmischens vertraut gemacht haben:

- Sie brauchen rein weiße Grundfarbe (gilt für Dispersionswandfarbe, Lacke und alle anderen Farben), außerdem noch Abtönfarben.
- Die Abtönfarben sind Farbkonzentrate, die zunächst im geeigneten Verhältnis gemischt und dann mit der weißen Farbe verrührt werden. Abtönkonzentrate gibt es in sehr vielen Tönen. Wer fein abgestufte Nuancierungen erzielen will, erreicht sie jedoch am besten durch Mischen mit den drei Grundfarben Gelb, Rot und Blau, die ja auch die Grundfarben der Jahreszeitenstimmungen sind. Zum Abdunkeln brauchen Sie noch Schwarz. Weiß erübrigt sich, weil die Abtönmischung in Weiß eingerührt wird und die Helligkeit der Farbe durch das Mischverhältnis gesteuert werden kann. Wer den Farbtönen einen schönen erdigen Unterton geben oder sie ein wenig abschattieren möchte, sollte außerdem Umbra, Ocker und Braun zur Verfügung haben (siehe auch Seite 109).

Leider verwendet jeder Hersteller für das, was klassisch Abtönfarben genannt wird, andere Produktbezeichnungen, beispielsweise „Vollton"- oder auch „Basisfarben". Auch die Farbnamen sind unterschiedlich, so daß Sie sich am besten anhand der auf Seite 109 gezeigten Muster die idealen Nuancen aussuchen und mit der angesetzten Mischung vergleichen.

Und so gehen Sie praktisch vor:

- Kaufen Sie zunächst nur kleine Mengen Abtönfarben, da sie meist sehr intensiv sind, und schon geringe Mengen genügen, um den gewünschten Farbeffekt hervorzubringen.
- Nehmen Sie zwei Gefäße (beispielsweise alte Marmeladengläser) sowie einen kleinen Anstreichpinsel.
- Im ersten Glas mischen Sie aus den Farben, die (laut Anweisung auf der nächsten Seite) für Ihren Wunschton nötig sind, einen intensiven Basiston.
- Wieviel Basismischung Sie rein mengenmäßig brauchen, läßt sich nicht verallgemeinern. Es hängt davon ab, wie intensiv die Abtönfarben sind (das ist von Produkt zu Produkt verschieden), wie kräftig die Wandfarbe werden soll und für wieviel Quadratmeter die Mischung ausreichen muß.
- Am besten Sie testen sich langsam an das gewünschte Ergebnis heran. Das ist nicht nur am sichersten, sondern auch interessant, weil man beobachten kann, wie sich der Farbton verändert. Und so wird es gemacht:
- Sie geben eine kleine Menge Ihrer Basisfarbe in das zweite Gefäß. Dann hellen Sie mit der weißen Farbe die Mischung so lange auf, bis der gewünschte Helligkeitsgrad erreicht ist. Entspricht die Farbe im zweiten Glas Ihren Vorstellungen, machen Sie einen Probeanstrich auf Papier oder an der Wand.
- Gefällt Ihnen das Ergebnis nicht, müssen Sie eine neue Basismischung in Glas 1 ansetzen, in einem neuen Glas wieder mit Weiß mischen und einen weiteren Probeanstrich machen. Diese Prozedur wiederholen Sie so lange, bis Sie mit dem Ergebnis zufrieden sind.
- Erst wenn der Basiston im Glas hundertprozentig stimmt, können Sie beginnen, ihn in ganz kleinen Mengen dem Eimer mit weißer Anstrichfarbe (oder der Dose mit Lack) zuzufügen. Dabei sollten Sie sehr vorsichtig sein, da oft schon eine kleine Menge zum gewünschten Resultat führt.

Wichtig ist es, die Farbe im Eimer gut zu verrühren und immer wieder zwischendurch Probeanstriche auf Papier oder die Wand zu bringen, bevor Sie den Farbton intensivieren. Bedenken Sie: Es ist leicht, einen Farbton langsam zu verstärken – ein Zuviel an Basisfarbe aber ist nur auszugleichen, wenn man einen zweiten Eimer weiße Farbe kauft und die erste Mischung weiter verdünnt.

Das 1 x 1 moderner Anstrichfarben

Wand- und Deckenfarben sind in der Regel *Dispersionsfarben* (lateinisch dispertio – Zerteilung). Sie sind normalerweise flüssig und bestehen aus Farbpigmenten, Binde- und Lösungsmitteln, wobei der Trend immer mehr in Richtung wasserhaltige Farben und weg von chemischen Lösungsmitteln geht.
Empfehlenswert, weil für Laien leicht zu handhaben: *Creme-Farben* und sogenannte *feste Farben*. Creme-Farben sind dickflüssig und tropfen kaum, feste Farben haben eine fast puddingartige Konsistenz und sind absolut tropffest.
Umweltfreundliche Dispersionsfarben enthalten keine chemischen Lösungsmittel oder Formaldehyde als Konservierungsmittel.
Bei sogenannten *Naturfarben* sind auch die Pigmente und Bindemittel rein natürlicher Herkunft.
Zum Streichen von Möbeln, Türen, Fensterrahmen gibt es entweder die herkömmlichen *flüssigen Lacke* und die sogenannten *festen Lacke*, die durch ihre gelartige Konsistenz nicht tropfen.
Empfehlenswert: *Acryl-Lack* mit erheblich weniger Lösungsmittel.

PROBEMISCHEN MIT WASSERFARBEN

Wer sich das erste Mal ans Farbenmischen wagt, tut gut daran, zuvor mit Wasserfarben ein wenig zu experimentieren. Voraussetzung dafür ist, wie später beim Mischen mit Abtönfarben, die Orientierung am Farbkreis. Konzentrieren Sie sich auf die drei Grundfarben Gelb, Rot und Blau in ihrer reinsten Form. In der Abbildung unten sind sie mit grauen Linien hervorgehoben. Dann stellen Sie fest:

- Zwischen Purpurrot und Gelb liegt die ganze Palette der hochroten und gelbroten Töne.
- Zwischen Blau und Gelb liegen alle Grünnuancen.
- Zwischen Purpurrot und Blau liegen alle Nuancen von Indigoblau bis Blauviolett.

Nächster Lernschritt: Zur Kreismitte hin werden die Farben durch Hinzufügen von Weiß heller, in Richtung Kreisrand durch Schwarz dunkler.

- So entstehen zwischen Purpurrot und Gelb durch Aufhellen wunderschöne Lachs-, Flamingo- oder Apricottöne, durch Abdunkeln mit Schwarz zahlreiche schöne Gelbbraun- und Rotbraunnuancen.
- Zwischen Gelb und Blau lassen sich durch Aufhellen Töne von zartem Lind-, Mai- und Mintgrün mischen, durch Abdunkeln mit Schwarz entsteht die ganze Palette von Oliv-, Laub- bis hin zu tiefem Tannengrün.
- Zwischen Rot und Blau ergeben sich durch Aufhellen Pastelltöne von Himmelblau bis Flieder, durch Abdunkeln mit Schwarz entstehen Nuancen von Nachtblau bis Petrol.

FARBEN SELBST MISCHEN

Die Farbfelder rechts unten zeigen, in welchem Verhältnis weiße Farbe abgetönt werden muß, damit die jahreszeitentypischen Nuancen von Weiß, Gelb, Rot, Blau, Grün und Braun entstehen.

WEISS

1. Weiß mit einem Schuß Gelb oder Umbra ergibt Eierschale. 2. Weiß mit wenig Schwarz wird zu Milchweiß. 3. Aus Weiß, wenig Gelb und Rot wird Ecru. 4. Reines, ungetrübtes Schneeweiß.

GELB

1. Gelb mit wenig Weiß ergibt Rapsgelb. 2. Gelb und viel Weiß wird zu Vanillegelb. 3. Aus Gelb, Braun und Weiß wird Maisgelb. 4. Reines Zitronengelb.

ROT

1. Rot mit wenig Gelb und Weiß wird zu Mohnrot. 2. Aus Rot, Weiß und wenig Schwarz entsteht Himbeerrot. 3. Rot, Gelb und Schwarz ergibt Tomatenrot. 4. Reines, bläuliches Rubinrot.

BLAU

1. Blau mit Weiß und wenig Rot ergibt Kornblumenblau. 2. Blau, Weiß und wenig Schwarz wird zu Himmelblau. 3. Aus Blau mit Schwarz wird Petrol. 4. Reines, eisiges Blau.

GRÜN

1. Gelb mit wenig Blau ergibt Maigrün. 2. Blau mit etwas Gelb und Weiß wird zu Smaragdgrün. 3. Blau, Gelb und Umbra ergeben Olivtöne. 4. Blau mit wenig Gelb wird zu Blaugrün.

BRAUN

1. Gelb, Rot, Braun wird zu Gelbbraun. 2. Gelb, Rot, Blau, Weiß, Schwarz ergibt Schokoladenbraun. 3. Gelb, Rot, Schwarz wird Rostbraun. 4. Gelb, Rot, Blau, Weiß, Schwarz wird Schwarzbraun.

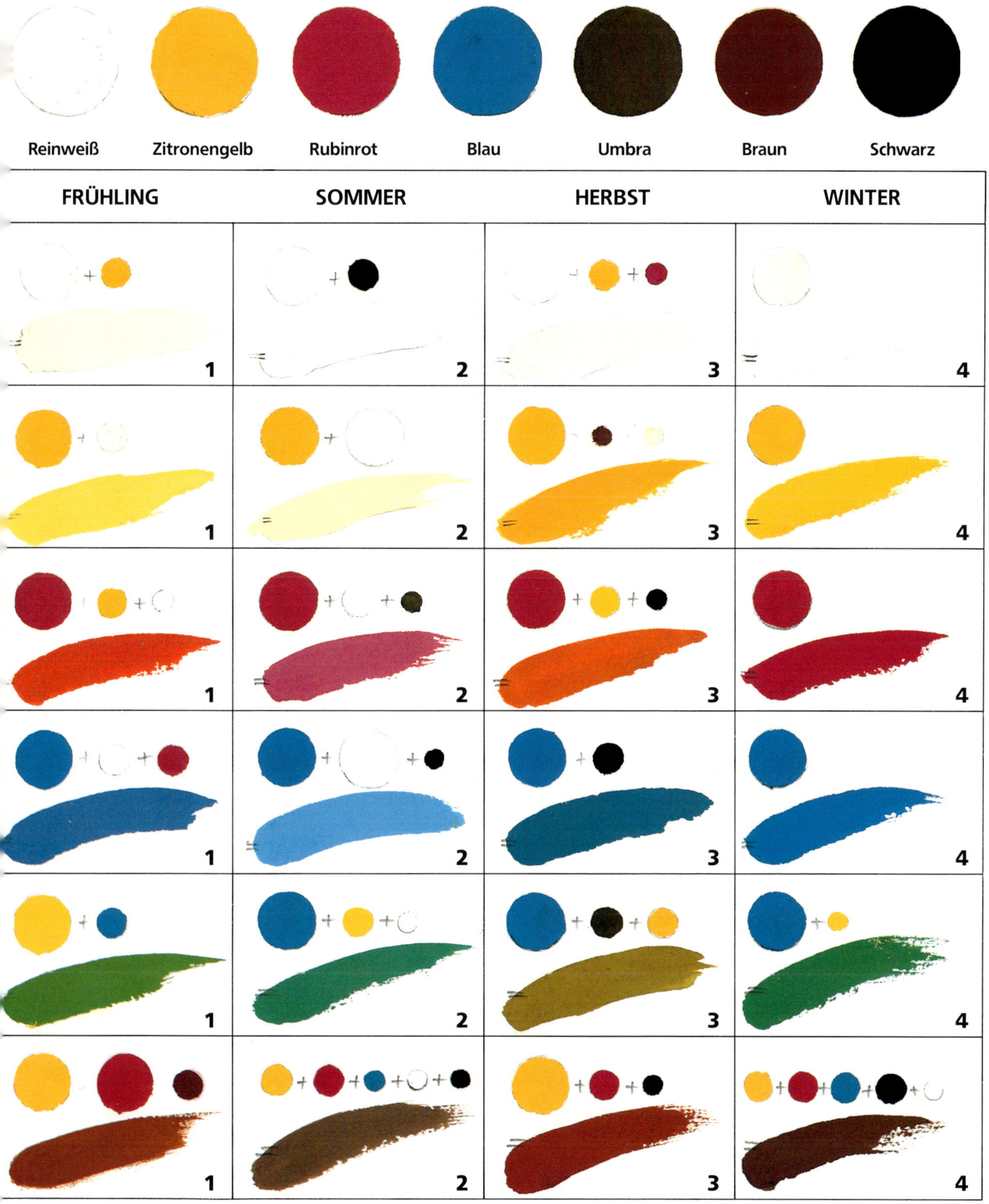
Reinweiß
Zitronengelb
Rubinrot
Blau
Umbra
Braun
Schwarz
FRÜHLING
SOMMER
HERBST
WINTER
1
2
3
4

KAPITEL VI

Die Kunst des Kombinierens

Materialmix ist die Kunst, nicht nur die richtigen Farben einer Jahreszeit zu kombinieren: Auch die Eigenart der Oberflächen und die Strukturen von Hölzern, Teppichen, Metallen und Stoffen müssen berücksichtigt werden. Mit Hilfe eines Planungsschemas läßt sich der perfekte Materialmix in der ganzen Wohnung leicht realisieren

Jede Jahreszeit hat ihre Materialien

Das Zusammenstellen der richtigen Farben ist noch keine Garantie dafür, daß eine Einrichtung wirklich stilvoll und harmonisch wirkt. Strukturen, Musterungen und Maserungen der verschiedenen Materialien von Möbelholz bis Teppichboden, aber auch die Formen und die Verarbeitung von Möbeln und Accessoires sind wichtig.

Materialmix nach dem Jahreszeitenprinzip

■ *Frühling.* Zur Erinnerung: Die Grundfarbe der Jahreszeit ist Gelb, die Farbstimmung sanft bis lebhaft.
Stoffe: Sehr gut passen Chintz, feines Leinen, feiner Rips, Velours und Seidengewebe sowie alle Gewebe, die klare, glatte oder feine Oberflächen haben und sich schön zu weichen Linien oder Drapierungen verarbeiten lassen.
Teppichböden und andere Bodenbeläge: Dichter Perlvelours mit mattem Glanz und feinkörnig strukturierter Oberfläche, die sich mit dem Licht verändert, ohne daß die Farbstimmung umkippt, eignen sich besonders gut. Die Oberflächen von Dielen, Parkett, PVC-Belägen, Natursteinen und Fliesen sollten feinstrukturiert und matt bis leicht glänzend sein.
Wandverkleidungen: Tapeten, Stoffbespannungen oder Anstriche mit glatter, feiner Struktur und matter Oberfläche oder feinem Glanz passen gut. Dezente, kleine Muster sind richtig. Bei großen Mustern sollten alle Töne unbedingt aus der Frühlingspalette stammen.
Hölzer: Der optimale gelbliche Frühlingsgrundton oder ein helles rötliches Braun findet sich bei Fichte, Esche, Lärche, Kiefer oder Kirschbaum. Auch feines, helles Korbgeflecht im Naturton ist ein passendes Material.
Metalle: Messing und alles was golden schimmert hat den passenden warmen Ton. Wer ein silbriges Metall verwenden möchte, sollte zu einem Silbernickelton greifen.
Steine: Marmor und Granit gibt es in einer großen Auswahl warmer Frühlingstöne. Am schönsten sind hier die dezent geäderten oder fein gekörnten Musterungen. Passende Töne finden sich auch bei Solnhofner Platten, Juramarmor, Travertin oder spanischem Terrakotta.

■ *Sommer.* Zur Erinnerung: Die Grundfarbe ist Blau, die Farbstimmung kühl-elegant, dezent bis frisch.
Stoffe: Gewebe wie Seide, Moiré, Satin, Chintz, Velours oder sehr feines Leinen passen am besten. Auf den glatten Stoffen kommen die zurückhaltenden Sommerfarben gut zur Geltung.
Teppichböden und andere Bodenbeläge: Auch hier sollte man sich an die feinen, wenig strukturierten Qualitäten halten wie seidenweichen Flauschvelours, glänzenden Softvelours oder robusten Stehvelours. Dielen, Parkett, PVC-Beläge oder Steine sind (seiden-) matt poliert bzw. beschichtet am schönsten.
Wandverkleidungen: Am schönsten sind fein strukturierte Tapeten oder Stoffbespannungen sowie glatte, eventuell seidenmatt lakkierte Wandanstriche. Bei Mustern ist Zurückhaltung angesagt. Kleine Dekore wie feine Streifen, Karos, Blumendessins oder dezente Zierleisten an den Wänden unterstreichen das sommerliche Ambiente. Große Muster sollten in pastelligen Nuancen gehalten sein und nur aus der Sommerpalette stammen.
Hölzer: Hellgelbe, weiß- oder olivstichige Naturhölzer sind sommertypisch. Unpassende Holztöne lassen sich durch weiße oder leicht graue Lasuren entsprechend verändern. Gut fügen sich auch rotbraune Hölzer wie das Teakholz oder rötlich gebeiztes Mahagoni in das Sommerambiente ein.
Metalle: Alles was silbrig ist: Chrom, Aluminium, Silberlegierungen bis zu reinem Silber, aber auch ein dunkler, leicht angelaufener Kupferton kann zu vielen Farben der Sommerpalette gut aussehen. Am schönsten sind Metalle mit dezent glänzender Oberfläche.

Steine: Marmor und Granit in allen kühlen Nuancen, am besten mit feiner Äderung oder Körnung passen gut. Sommertypische Vanille- und Grautöne finden sich auch bei Muschelkalk, Travertin und Juramarmor.

■ *Herbst.* Zur Erinnerung: Die Grundfarbe ist Rot. Das Farbbild ist geprägt von den leuchtenden Farben der Laubfärbung, von den satten, warmen Nuancen der Ernte und Erdfarben.

Stoffe: Alle Materialien, die eine grobe, weiche oder barock-opulente Struktur haben, sind die ideale Ergänzung. Hierzu gehören, je nach Einrichtungsstil, rustikale Noppenstoffe, grobes Nessel, Gabardine, Kattun, Tweed oder Cord, aber auch üppiger Brokat oder Samt.

Teppichböden und andere Bodenbeläge: Weiche, hochflorige, aber auch grobstrukturierte zweifarbig genoppte Teppichböden sind richtig. Ebenso Böden aus Naturfasern wie Sisal oder Kokos passen gut in ein rustikal gehaltenes Herbstambiente. Dielen, Parkett, Steinböden oder Fliesen sollten eine natürlich anmutende, angerauhte oder matt polierte Oberflächenstruktur haben.

Wandverkleidungen: Ausdrucksvoll strukturierte Tapeten oder Stoffbespannungen, Rauhputz, grobe Spachtelungen oder auch Holzverschalungen bilden den idealen Rahmen für eine urgemütliche Herbststimmung. Auch die Muster können ausgeprägt und groß sein. Glänzende Oberflächen sind nur bei barock-eleganten Einrichtungen angebracht. Zu behaglicher Herbststimmung passen matte oder seidenmatte Flächen besser.

Hölzer: Hölzer mit typischem Herbstton sind Eibe, Kirsche, Rio-Palisander, rötlich gebeiztes Mahagoni, Teakholz oder Eiche natur. Auch hier ist der Naturlook meist besser als polierte Oberflächen. Neben Holz ist Korbgeflecht in dunkleren Naturtönen ein schönes Material für Sitzmöbel.

Metalle: Messing, Kupfer, Bronze mit mattem Glanz oder mit gebürsteter Oberfläche harmonieren perfekt mit den Herbstfarben.

Steine: Neben Marmor und Granit in allen erdig-warmen oder rötlichbraunen Nuancen haben roséfarbener Travertin, Porphyr, rötlicher italienischer Terrakotta oder Ziegelfliesen die richtigen Farben für rustikale Böden. Die natürlichen Äderungen und Körnungen dürfen bei „Herbststeinen“ ausdrucksvoll und lebhaft sein.

■ *Winter.* Zur Erinnerung: Die Grundfarbe Blau (reines Weiß und Schwarz) erzeugt eine sachliche und kühle Farbstimmung.

Stoffe: Die Ausdruckskraft der Farben ist so klar und eindeutig, daß fast alle Stoffe in Frage kommen – von Chintz, Atlas, Moiré, Seide und Satin bis hin zu Leinen, Drillich, Denim, Cord oder Rips.

Teppichböden und andere Bodenbeläge: Wie beim Sommer sind einfarbige, feinflorige Soft-, Flausch- oder Stehvelours am schönsten. Glanz erhöht den Winter-Effekt. Dielen, Parkett, PVC- und Steinböden können glatt und glänzend bis hochglänzend sein.

Wandverkleidungen: Ausdrucksvolle Strukturen und große, expressive Muster, Grobputz und Spachteltechnik sind ebenso möglich wie glatte, gelackte, hochglänzende Oberflächen.

Hölzer: Im Naturlook passen Hölzer schlecht zur klaren Winterstimmung, allenfalls können tiefe, olivstichige oder sehr dunkle rötliche Töne verwendet werden. Eine sichere Lösung sind weiß- oder graulasierte, aber auch geschlemmte und vor allem farblackierte Hölzer. Die Oberflächen können von seidenmatt bis hochglänzend poliert sein.

Metalle: Kalt glänzendes Metall wie Silber, Chrom und Aluminium paßt am besten zur Winterstimmung.

Steine: Am schönsten sind die kalten, kräftigen Töne von Natursteinen wie tiefschwarzer oder schneeweißer Marmor, blauer, blaugrüner oder silbergrauer Granit.

Frühling: Perfekter Materialmix

Vorschlag 1 (linke Seite): Gelblicher Deckenanstrich 1 und goldfarbene Messingtürgriffe sorgen für frühlingshafte Stimmung 2. Eine der beiden Blumentapeten 3 und 4 kann eine Wand besonders betonen und auch sehr effektvoll mit einer Streifentapete 6 zusammengehen. Alle drei Dessins können auch für Vorhänge, Kissen und Polstermöbel verwendet werden. Die Farbwirkung der Muster kann durch die Farbe des Teppichbodens in Richtung kühl oder warm gesteuert werden: Einen kühlen Touch bringt lichtes Blau 5, wärmer wird die Stimmung durch zartes Grün 8. Hölzer im Raum sollten gelblich und hell sein wie bei der Vorhangstange 7. Für Effekte mit Farblack eignet sich u.a. Maigrün 9.

Vorschlag 2 (rechte Seite): Möbel in hellem Eichenholz 1 können den freundlich-warmen Grundton liefern. Sie sehen schön auf einem lachsgrundigen Teppichboden aus 2 und werden im Detail perfekt ergänzt durch Vorhangstangen 3 und Türgriffe 8 in goldenen Metalltönen. Raffinierter Mustermix läßt sich mit zwei Stoffen erzielen 4 und 5, die in Material und Farbgebung identisch sind, aber verschiedene Dessins wie Streifen und Blumen haben. Auf dem Teppichboden in sattem Kornblumenblau 6 kommen alle Farben hervorragend zur Geltung. Schöne Ergänzung kann der lachsrosa Marmor 7 von Tischchen oder Fensterbrettern sein. Eine freundliche, neutrale Wandfarbe ist Pastellrosé 9.

1

2

3

4

5

6

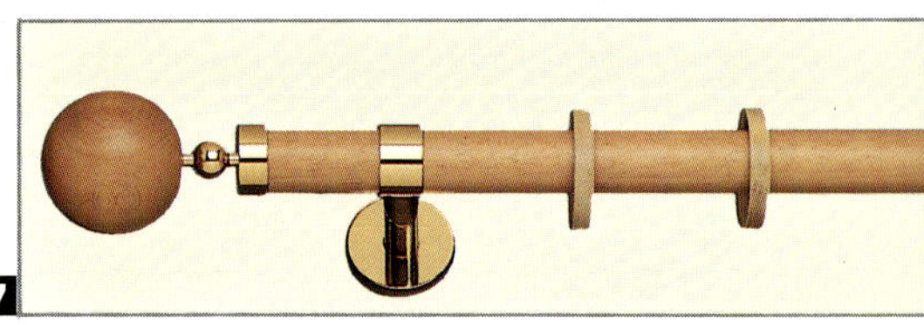
7

8

9

1

2

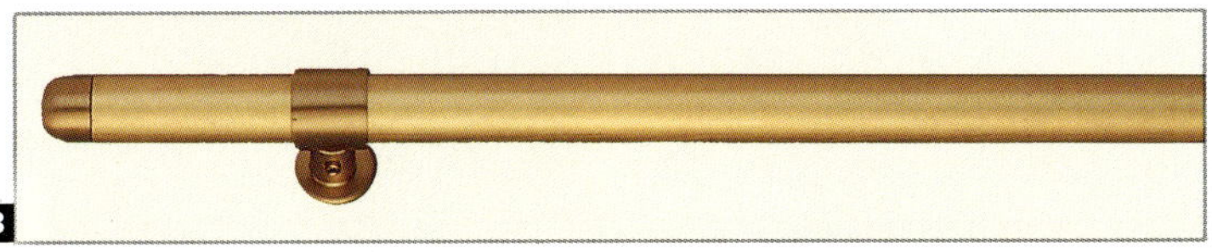
3

4

5

6

7

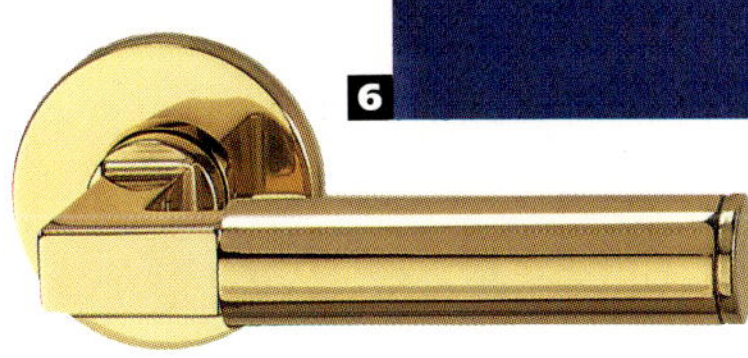
8

9

Sommer: Perfekter Materialmix

Vorschlag 1 (linke Seite): Kühl-elegante Grundstimmung erzeugt ein Teppichboden in zartem Graublau 1 oder Mintgrün 8. Davon hebt sich freundlich der gelbgeblümte Vorhang- oder Bezugsstoff ab mit seiner Kombination typischer Sommerfarben: Milchweiß, Rubinrot, Rauchblau, Blaugrün und helles Milchkaffeebraun 3. Den passenden Ton für die Möbelhölzer liefert hell gebeizte Eiche 4, einen kräftigen Akzent kann partienweise eingesetzter rubinroter Teppichboden erzeugen 5. Luxuriöses Detail: bläulicher Granit für Fensterbretter, Schreibtisch- oder Eßtischplatten 6. Zu den kühlen Sommertönen passen die Vorhangstange 7 und der Türgriff 2 in einem Silberton. Als Wandfarbe für die Wand bietet sich helles Blaugrau an 9.

Vorschlag 2 (rechte Seite): Eine betont freundliche Sommerfarbstimmung läßt sich aufbauen aus den Leitfarben Rauchblau und Weiß, akzentuiert von zartem Vanillegelb und einigen Tupfern Blaugrün. Ein weicher, gelblicher Grundton im Holz 1 kontrastiert auf elegante Weise mit dem Streifenmuster der Tapete 2 und den beiden geblümten Stoffen 3 und 4. Soll die Grundfarbe Blau betont werden, bietet sich ein Teppichboden in zartem Graublau an 5; in sonnenarmen Räumen sorgt freundliches Vanillegelb 6 für mehr Heiterkeit. Metallene Accessoires wie Türgriffe sollten aus mattglänzendem Chrom sein 7, ideale Wandanstrichfarbe ist sommerliches Milchweiß 8.

1

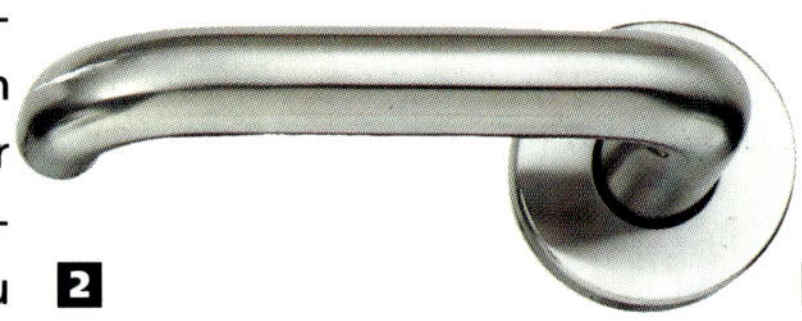
2

3

4

5

6

7

8

9

1

2

3

4

5

6

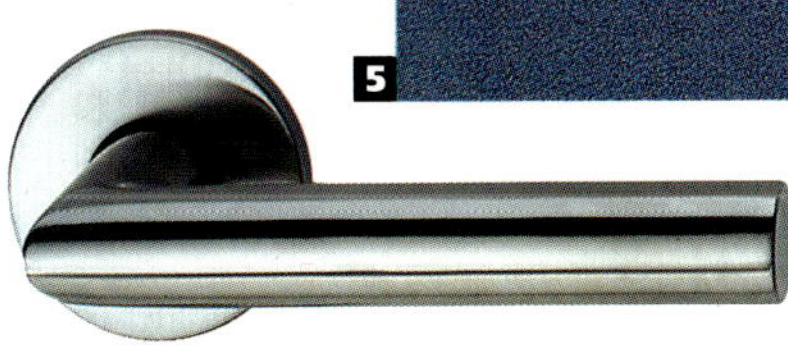

7

8

Herbst: Perfekter Materialmix

Vorschlag 1 (Linke Seite): Möbel und Böden aus rötlichen Hölzern 1 sind optimal für Räume, die in herbstlichen Farben gestaltet werden sollen. Daneben wirken selbst die kräftigsten Töne der Herbstpalette niemals laut oder grell. Beispiel: Die Vorhang- oder Bezugsstoffe 3 und 4 mit ausgeprägten Komplementär-Effekten oder der Teppichboden in warm-leuchtendem Rot 6. Eine dezent-rustikalere Alternative ist der genoppte Teppichboden 5, der die violett-blauen und maisgelben Töne der Stoffe aufgreift. Der leicht rötliche Goldton, wie ihn der Türgriff 2 zeigt, und das dunkle Bronze der Vorhangstange 7 sind ebenso passende Ergänzungen wie der Naturstein in Rot- und Petroltönen 8. Optimale Farbe für den Wandanstrich: ein leicht rötlicher Cremeton 9.

Vorschlag 2 (rechte Seite): Rötliches Holz 1, dunkelgrüne Tapete 2 und Teppichböden in sattem Rot oder zurückhaltendem Petrol 7 bilden den herbstlichen Farbrahmen. Für Belebung sorgen die Farben und Muster der Stoffe 4 und 5, die je nach Bodenfarbe kombiniert werden. (Stoff 4 mit Rot, Stoff 5 mit Petrol). Eine Vorhangstange in Lindgrün gebeiztem Holz 3 und Türgriffe in rötlichem Gelbmetall 6 runden den Farbeindruck ab. Optimal für Decken und Wände, die hell bleiben sollen: der Wandanstrich in dezentem Beigegrün 8.

1

3

2

4

5

6

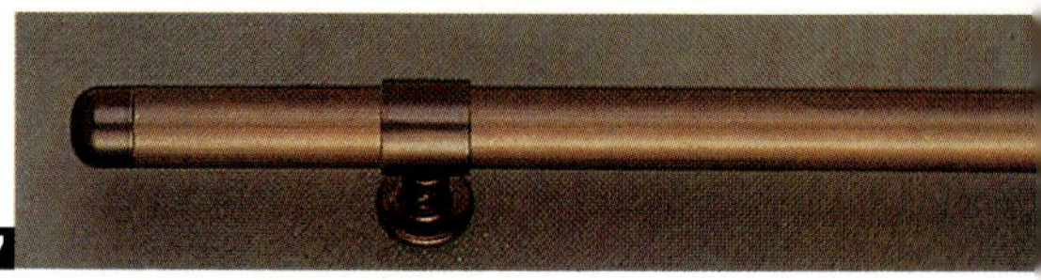
7

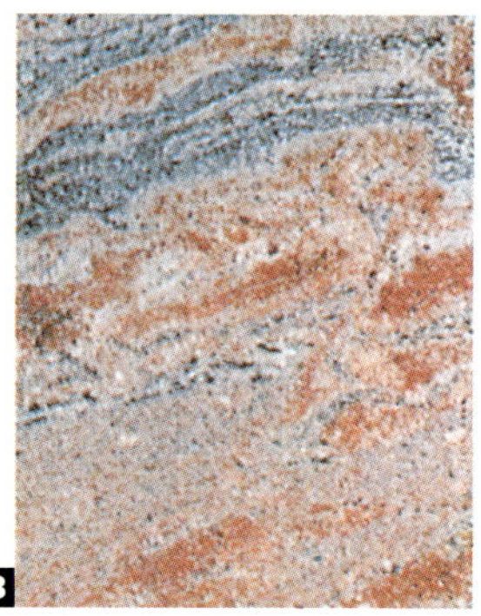
8

9

1

2

3

4

5

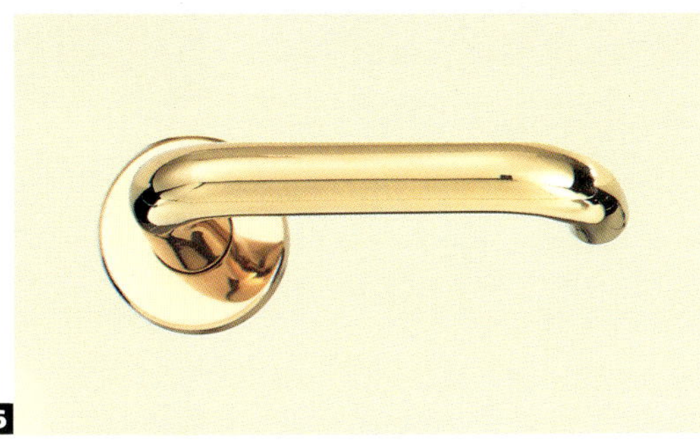

6

7

8

Winter: Perfekter Materialmix

Ideal für ein Winterambiente (linke Seite): **1** Weiß geschlämmtes Holz. **2** Als Detail paßt formal und farblich gut der schwarzweiß marmorierte Türgriff. **3** Tonangebendes Stoffmuster ist ein in Schwarz gehaltenes Karo mit winterlich-strengen Blau-, Rot- und Grüntönen. **4** Dazu lassen sich Streifenmuster in den gleichen Farben hervorragend kombinieren. **5** Als Teppichbodenfarbe eignet sich ein kühles Winterpastell oder **6** ein kräftiges Rot. **7** Vorhangstangen und andere Metallgegenstände sollten silbrig-kühl glänzen. **8** Schwarzer, hochglanzpolierter Marmor mit weißer Äderung für Tische oder Fliesen wirkt streng und doch lebendig. **9** Lack in kräftigem Wintergelb setzt einen fröhlichen Farbakzent in das kühle Winterambiente.

Zweiter Vorschlag für gekonnten Materialmix in einem Winter-Raum (rechte Seite): **1** bläulicher Granit, der zum Beispiel als Tischfläche schön zu einem **2** leuchtendroten Teppichboden kontrastiert. **3** Ideale Ergänzung ist das ornamental wirkende Blumenmuster in Schwarzweiß, das sich seinerseits gut mit dem **4** schwarzen Blumenmuster kombinieren läßt. **5** Eine schöne Ergänzung zu den Grundfarben der Stoffe sind feinflorige Teppichböden in kühlem Grün oder **6** kräftigem Blau. **7** Perfekt: der schlicht gestylte Türgriff in glänzendem Schwarz. **8** Lack in Rubinrot kann für zusätzliche Farbakzente sorgen.

1

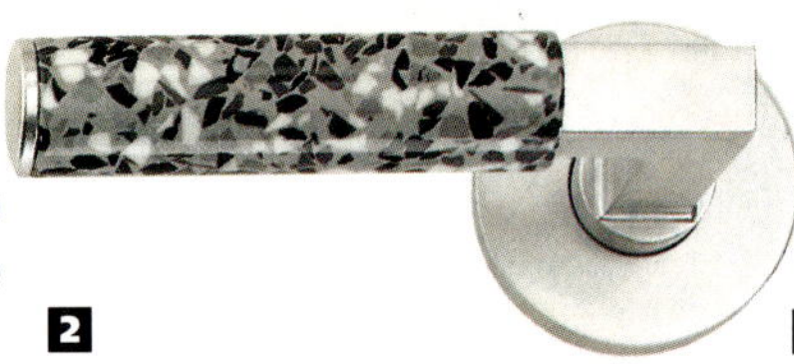
2

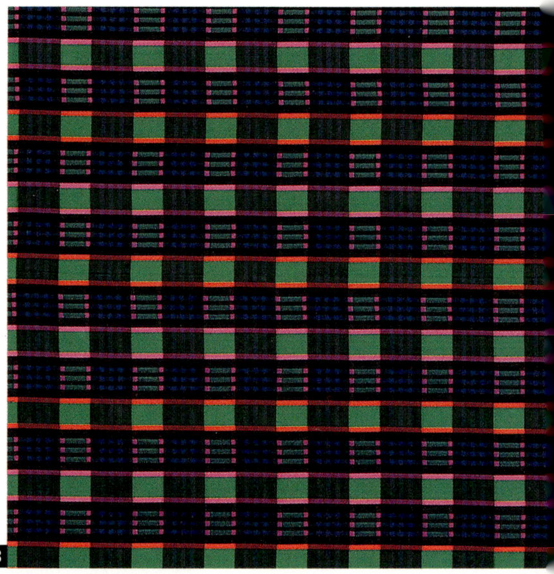
3

4

5

6

7

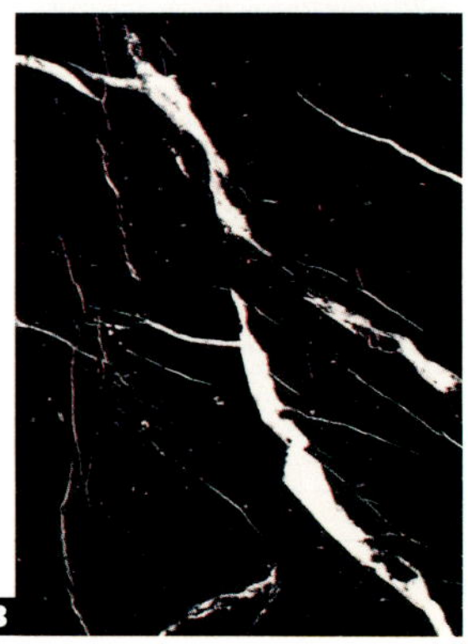
8

9

1

2

3

4

5

6

7

8

Muster richtig kombinieren

Muster bringen in jede Farbkombination zusätzliche Spannung – vorausgesetzt, ihre Farben passen sich in die angestrebte Jahreszeitenstimmung ein. Zu viele, falsche oder zu große Muster können andererseits die schönste Farbbalance aus dem Gleichgewicht bringen.

■ Größe der Muster: Je größer ein Muster ist, desto sparsamer sollte es verwendet werden. Große Muster lassen Räume kleiner wirken und sollten deshalb möglichst nur kleinen Flächen (Polsterbezügen, Gardinen, Kissen) vorbehalten bleiben. Nur bei großzügigen Räumen können große Muster an Wänden und Böden entsprechende Wirkung bringen.

■ Anzahl der Muster: Bei mehreren unterschiedlichen Mustern, vor allem wenn sie aufeinandertreffen, sollte man darauf achten, daß nur ein Muster dominiert und die anderen sich angleichen oder unterordnen. Wenn Sie diese Regel beachten, können Sie Karos, Streifen, Punkte und Blumen in einem Raum miteinander kombinieren.

■ Die Farbigkeit der Muster: Musterkombinationen sehen dann besonders gut aus, wenn in allen Mustern exakt die gleichen Farbtöne vorkommen. In diesem Fall kann man sogar zwei völlig unterschiedliche, ausdrucksvolle Muster nebeneinanderstellen, beispielsweise ein auffälliges Streifen- neben ein kräftiges Blumenmuster.
Bei Mustern mit mehreren aber unterschiedlichen Farben sollte mindestens der Grundton genau gleich sein. Sind die Muster sehr auffällig, ist es besser, wenn sogar zwei Töne übereinstimmen.

■ Ein Grundmuster in unterschiedlichen Variationen: Ein Grundmuster in unterschiedlichen Größen immer wieder aufzugreifen, ist eine Variante, bei der man nichts falsch machen kann. Beispiel: Ein großes Blumenmuster auf Gardinen und Polstermöbeln, das gleiche Dessin in klein auf der Tapete, eventuell sogar auf Bordüren und Kissen.

■ Ruhige Flächen: Werden mehrere Muster verwendet, sollten unbedingt unifarbene Zonen in passenden Tönen für Ruhe und Ausgleich sorgen. Ein einfarbiger Teppich, einzelne neutrale Möbelstücke wie Ledersessel oder Schränke, aber auch Accessoires wie unifarbene Kissen, geben Mustern einen ruhigen Rahmen, der sie erst richtig zur Geltung kommen läßt.

Die idealen Muster für jede Jahreszeit

■ *Frühling:* Mit kleinen, feinen Mustern gehen Sie kein Risiko ein, auch wenn die Farben kräftig sind. Lebhafte Muster in intensiven Frühlingsfarben können dagegen leicht grell und „laut" wirken. Regel: Je größer das Muster, desto dezenter sollten die Töne sein und um so wichtiger ist es, daß jeder Farbton der Frühlingspalette entspricht.

■ *Sommer:* Dezente, kleine Muster passen ideal zum Sommer. Bei größeren Dessins sollte man zu den gedämpften, zurückhaltenden oder dunklen Tönen der Sommerpalette greifen, und die Muster nur sparsam und für kleinere Flächen verwenden.

■ *Herbst:* Ausdrucksvolle, große Muster sind selbst in lebhaften Herbstnuancen weder zu unruhig noch zu dominant. Wer sicher gehen will, sollte diese Muster allerdings kleineren Flächen von Möbeln, Gardinen oder Teppichen vorbehalten. Große Dessins in Herbstfarben sind nur an den Wänden großer Räume und in ruhigen, gedämpften Farben schön.

■ *Winter:* Räume mit Winterfarbstimmung vertragen auch in punkto Muster stärkere Effekte als die anderer Jahreszeiten. Klare, nicht zu unruhige Muster wie Streifen oder Karos können auch großzügig für einzelne Wände oder für den Boden verwendet werden.

Die Einrichtung perfekt planen

Ein gut durchdachtes Farbkonzept ist die Basis für jede gelungene Einrichtung. Es schützt aber nicht unbedingt vor Fehlentscheidungen und Fehlkäufen, solange es nur in Ihrer Vorstellung und in Ihrem Gedächtnis existiert. Zu leicht gerät man nämlich beim Einkauf in Zweifel.

Wer sich mühevolles Suchen erleichtern will, sollte sich ein Planungsschema anfertigen, wie es auf den nächsten Seiten abgebildet ist. Hier werden Farben und Materialien für einzelne Zimmer oder für die ganze Wohnung eingeklebt. So erhält man einen guten Überblick. Disharmonien und Brüche im Farbkonzept fallen sofort auf. Man erkennt nicht nur, ob alles zusammenpaßt, sondern auch, ob die Stimmung der gewählten Jahreszeit entspricht.

Das Ausfüllen bereitet relativ wenig Mühe und kann zudem noch viel Spaß machen. Lassen Sie auf jeden Fall all jene, auf deren Rat Sie Wert legen, beim Zusammenstellen der Farbharmonien und der Materialkombinationen teilhaben.

Und so gehen Sie vor

■ Material sammeln. Wann immer Ihnen in Zeitschriften, Einrichtungsbüchern und Katalogen der Möbelhersteller oder auch in Prospekten und Anzeigen ein Muster, ein Möbelholz oder einfach nur eine Farbe gefällt, schneiden Sie ein Stück davon aus. Vielleicht können Sie auch irgendwo kleinere Stoff-, Tapeten-, Teppich- oder Anstrichmuster bekommen.

Sollte wirklich einmal nichts Geeignetes zu finden sein, können Sie immer noch zum Farbkasten greifen und selbst ein Muster malen.

■ Material ordnen. Wählen Sie nun Farben und Materialien aus. Mustern Sie Ihre Sammlung durch, und schneiden Sie die Abbildungen von Farben und Materialien aus, die Sie gern in Ihrer Wohnung hätten. Geben Sie den Zeitungsschnipseln, Stoffmustern, Tapeten- und Anstrichproben am besten gleich die entsprechende Größe der Felder im Planungsschema.

■ Das Planungsschema ausfüllen. Gehen Sie nun Raum für Raum durch, wie vom Schema vorgegeben. Kleben Sie Ihre Schnipsel aber noch nicht gleich fest (oder benutzen Sie einen Kleber, der sich wieder abziehen läßt). Bis Ihr Planungsschema wirklich perfekt ist, wird es mit Sicherheit Veränderungen und Verschiebungen geben. Lassen Sie sich ausreichend Zeit. Und legen Sie Ihr Schema mit den Mustern auch mal an den Farbstreifen der gewählten Jahreszeit (Seite 11 und 13) an, um die gesamte Farbstimmung zu überprüfen.

Mit dem Planungsschema einkaufen gehen

Ihr Planungsschema ist eine wertvolle Einkaufshilfe. Wird Ihnen beispielsweise im Laden ein Stoff gezeigt, halten Sie ihn zunächst einfach an Ihr Farbbild. Sie erkennen dann sofort, ob er sich harmonisch einfügt. Ist das der Fall, legen Sie den Stoff genau neben die Farbe, mit der Sie ihn unmittelbar zusammenbringen möchten, also das Gardinenmuster neben die Wandfarbe, den Möbelbezug direkt neben die Teppichfarbe.

Fragen Sie nach kleinen Probestücken und komplettieren Sie damit Ihr Planungsschema. Ist es fertig, schauen Sie sich das Ergebnis unter wechselnden Lichtverhältnissen an: am besten in der Stimmung, die der jeweilige Raum bei Tag und unter Kunstlicht hat.

Auch wenn Sie eine vorhandene Einrichtung farblich umgestalten und nicht alles von Grund auf neu planen, ist das Planungsschema hilfreich. Machen Sie in diesem Fall mit Hilfe von Buntpapieren oder selbstgemischten Farben aus dem Farbkasten eine farbliche Bestandsaufnahme der Wohnung oder des Raumes, und ersetzen Sie dann alles Störende durch Ihre bevorzugten Farben und/oder Materialien.

Planungsschema für die ganze Wohnung

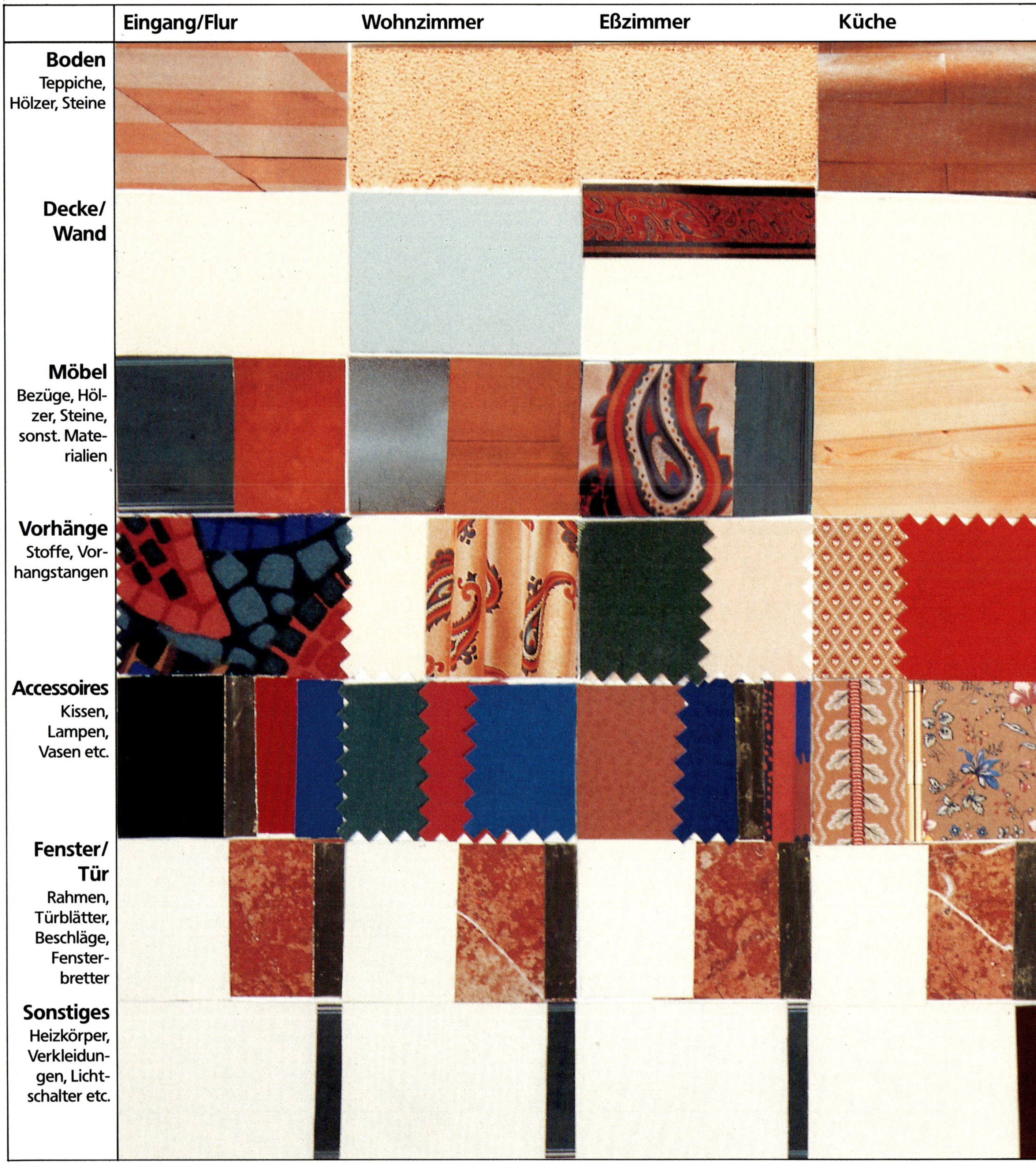

Ein Beispiel für ein vollgeklebtes Planungsschema. Alle Räume sollen in Herbstfarben angelegt werden, alle Details sind bedacht, bis hin zu Lichtschaltern und Sofakissen

Möbel:

Hölzer und Muster in allen Jahreszeiten-Farben

Die Sitzmöbel auf den Seiten 43 bis 49 sind von Musterring International, ebenso im Kapitel Materialmix von Seite 114 bis 121 die Beispiele für Hölzer, die optimal in die vier Jahreszeitenpaletten passen. Beim Einrichten nach dem Jahreszeitenprinzip hilft geschultes Personal in 260 deutschen Musterring-Häusern. Eine breite Auswahl an Möbeln, Bezugsstoffen und Teppichen macht es leicht, für Wohn- und Schlafräume, Küchen, Kinder- und Arbeitszimmer passende Farbkonzepte zu entwickeln. In allen Musterring-Häusern liegen ähnliche Planungsschemata, wie sie dieses Buch enthält, kostenlos aus. Auskünfte, Kataloge, Planungsunterlagen und Händlernachweise über:

Postfach 2040
4840 Rheda-Wiedenbrück
Tel. 0 52 42/5 92 01

Farben und Lacke

In den schönsten Tönen

Eine kleine Auswahl aus der breiten Palette von Dulux-Farbtönen zeigen die Seiten 98/99 und 115 bis 121. DULUX Wandfarben und Lacke sind auch für Ungeübte

Gut zu wissen: Adressen von Firmen, die Möbel, Küchen, Teppiche, Stoffe, Tapeten und Anstrichfarben in jahreszeitentypischen Farben herstellen!

Einrichtungsstoffe:

Passend zu den Jahreszeitenpaletten

Die Stoffmuster auf den Seiten 8/9, 36/37 und im Kapitel Materialmix auf den Seiten 114 bis 121 sind von Christian Fischbacher. Alle Dessins dieses Hauses sind in unterschiedlichen Farbgebungen zu haben, die sich ideal in die Frühlings-, Sommer-, Herbst- und Winterpalette einfügen. Dasselbe gilt für Fischbacher Bettwäsche. Ein Fischbacher-Special: Einrichtungsstoffe in unterschiedlichen Dessins, aber gleicher Farbgebung, die sich perfekt kombinieren lassen. Beispiel: die beiden Stoffe aus der Kollektion Raoul Dufy im Foto unten.

Händlernachweis über:
Christian Fischbacher GmbH
Simonshöfchen 27
D-5600 Wuppertal 11
Tel. 02 02/73 90 90
oder
Mövenstraße 18
CH-9015 St. Gallen
Tel. 0 71/3 120 60

leicht zu handhaben. Feste Farbe zum Beispiel spritzt nicht, tropft nicht und ist hochdeckend. Fester Lack wird erst beim Streichen flüssig und verläuft dann gleichmäßig, ohne Nasen zu bilden. Zu den 14 aktuellen Farbtönen der Creme-Wandfarbe passen perfekt die 10 Nuancen der Trend Color-Lacke. Weitere Auskünfte bei:
ICI Lacke Farben GmbH
Düsseldorfer Straße 102
D 4010 Hilden
Tel. 0203/7 71

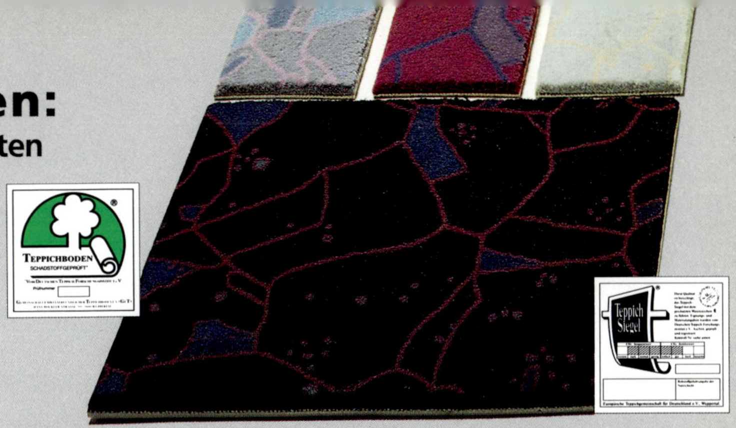

Teppichböden:

Die Farbe zu Hause testen

Die Teppichbodenmuster auf den Seiten 50/51, 110/111 und im Kapitel Materialmix auf den Seiten 114 bis 121 sind von Pegulan aus der Kollektion Champion my way. Sie umfaßt Teppichböden in mehr als 200 Farben, die das Spektrum der Frühlings-, Sommer-, Herbst- und Winterfarben in unterschiedlichsten Qualitäten und Dessins abdecken. Um die Wahl der richtigen Farbe zu erleichtern, hat Pegulan einen Muster-Service eingerichtet. Musterstücke des Wunschteppichbodens können beim Händler mit nach Hause genommen oder direkt im Werk bestellt werden. Ein 48-Stunden-Service garantiert sofortige Auslieferung bestellter Ware. Alle Teppichböden führen das Teppichsiegel der Europäischen Teppichgemeinschaft (ETG), das Auskunft gibt über Strapazierwert (Verschleiß) und Komfortwert (Dichte und Höhe des Flors). Einige Böden sind mit einem Siegel GUT ausgezeichnet, das sie als schadstoffgeprüft ausweist. Auskünfte, Kataloge und Musterstücke über:
Pegulan Teppichboden GmbH, Abt. Musterservice
Pegulanstraße 1
D-6792 Ramstein-Miesenbach 1
Tel. 0 63 71/59 11 44

Tapeten:

Entscheidend für die Raumstimmung

Tapete und Bordüre auf den Seiten 22/23 sind von Rasch, ebenso alle Tapetenbeispiele im Kapitel Materialmix von Seite 114 bis 121. Rasch bietet in mehr als 20 Kollektionen Tapeten, die jedes Jahreszeiten-Farbspektrum abdecken, ebenso wie im Design alle Stile von rustikal bis elegant. Spezialität von Rasch: Fröhliche Tapetenmuster für Kinderzimmer, die Designer-Kollektion „Zeitwände" und die Kollektion Bauhaus, die zum Teil auf Tapetenentwürfe von Bauhaus-Künstlern zurückgeht. Weitere Auskünfte über:
Tapetenfabrik Gebr. Rasch GmbH & Co
Postfach 1255
D-4550 Bramsche
Tel. 05461/81159

Küchen:

Individuell ist auch das Farbstyling

Die Küchen auf den Seiten 88 und 89 sind von allmilmö. Viele allmilmö-Modelle gibt es in mehreren Farben (zum Beispiel das Modell Merano in 27 Farben!), so daß sich jede Jahreszeitenstimmung realisieren läßt.
Spezialität von allmilmö: Das 3D-Design für problematische Grundrisse. Hier wird individuelle Anfertigung von Kücheneinrichtungen geboten, die sich allen räumlichen Besonderheiten perfekt anpaßt. Auskünfte über:
allmilmö Milewski
Möbelwerk Zeil KG
Postfach 1180
D-8729 Zeil am Main
Tel. 0 95 24/9 10

Register